Ursula Branscheid-Kouyaté
Marcus Ottschofski

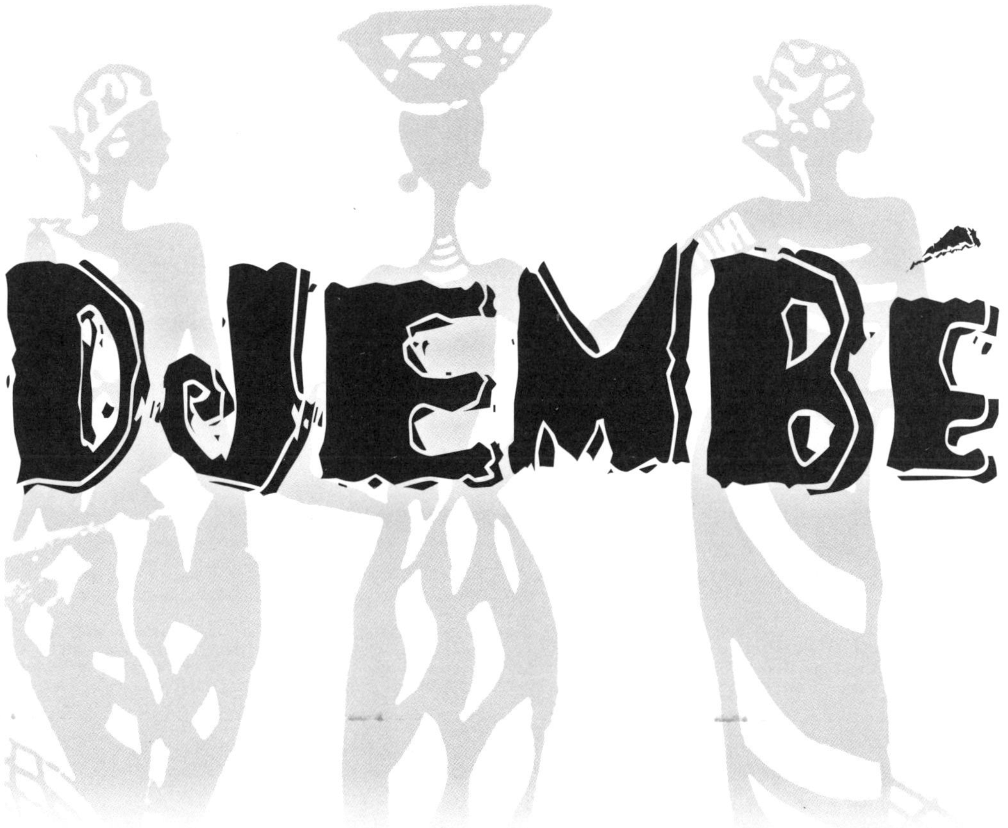

DJEMBÉ

Trommeln in der Gruppe

mit Liedern, Spielen, Bewegung und Märchen aus Afrika

Für Kindergarten, Vorschule, Grundschule, musikalische Früherziehung und Eltern

MIT CD

LEU-VERLAG

Ebenso lieferbar im LEU-Verlag:
- **„Djembé"**, das Grundlagenbuch mit CD von Ursula Branscheid-Diebaté, über 25.000 verkaufte Exemplare, ISBN: 978-3-928825-84-9
- **„Djembé II – Die Djembé in der Band"** mit CD von U. Branscheid-Diebaté, ISBN: 978-3-89775-028-9
- **„Djembé III / Kora"** mit CD von Ursula Branscheid-Diebaté, Kandara Diebaté, Übungen u. Rhythmen für fortgeschrittene Spieler/Anleitung u. Melodien auf der Kora-Harfe, ISBN: 978-3-89775-055-5
- **„Djembé-Ratgeber"** von Ursula Branscheid-Diebaté, Kandara Diebaté, alles rund um die Djembé, Tipps zur Vermeidung von Fehlkäufen, viele Farbfotos, ISBN: 978-3-89775-095-1
- **„Djembé spielen lernen"** – Doppel-DVD von Ursula Branscheid-Diebaté, Spielanleitung, viele Stunden Musik- und Tanz-Beispiele aus Afrika, Herstellung einer Djembé in Afrika, ISBN: 978-3-89775-125-5
- **„Das magische Balafon"**, DVD von Ursula Branscheid-Kouyaté, Mamadi Kouyaté, Spielanleitung für das diatonische Balafon, Tradition im Dorf des Ur-Balafons, ISBN: 978-3-89775-161-3

Erschienen im Novum-Verlag:
- **„Soundjata Kéita – der Löwe von Mali"** von Ursula Branscheid-Diebaté; eine Entdeckungsreise nach Westafrika zur Erforschung des legendären Reichs Mali. Geschichtsbuch und Reisebericht zugleich. ISBN: 3-90306-721-0

Lektorat, Notensatz: Wolfgang Leupelt
Umschlag / Layout: Harry Bechtle Grafik Design, Tübingen
Druck: TZ-Verlag & Print GmbH

Bildnachweis:
Alle Fotos und Abbildungen von Ursula Branscheid-Kouyaté, außer:
Thomas Bonenberger: Tafelberg S. 47
Fanni Fazii: Backcover-Portrait Ursula Branscheid-Kouyaté
Henry Grossmann: Himba S. 45
Dr. Madeleine Reincke: Massai S. 44, Ashanti-Schmuck S. 45 und S. 70
Kartoplan, Harry Rey, Tübingen: Karten S. 6, 7, 20 und auf Einlegeblatt, Symbole S. 37, 38
(zur besseren Übersichtlichkeit haben wir alle Karten mit den heutigen Ländergrenzen unterlegt)

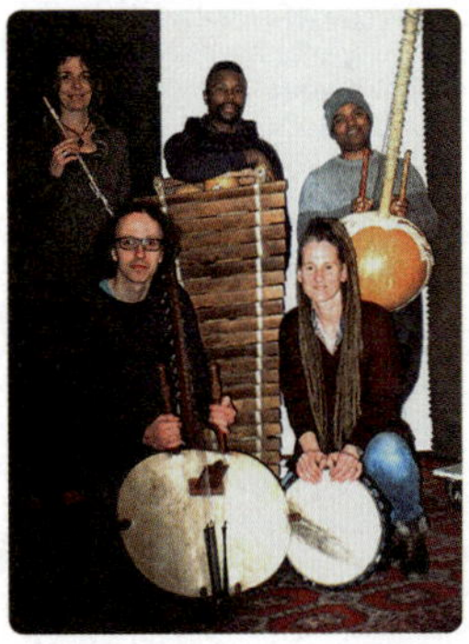

Musiker der CD:

Ursula Branscheid-Kouyaté	Djembé, Basstrommeln, Kora, Smallperc., Gesang
Marcus Ottschofski	Djembé, Basstrommeln, Kora
Mamadi Kouyaté	Balafon, Gesang
Kandara Diebaté	Gesang, Djembé, (Kora bei „Miniam'ba")
Pia Sommer	Querflöten

CD aufgenommen, gemischt und gemastert von Gerd Waiblinger im Neckarsound Studio, Tübingen

Printed in Germany 2017

ISBN: 978-3-89775-170-5

Inhalt

Vorwort 5

DIE DJEMBÉ IN AFRIKA

Djembé-Musik in Afrika 6
Solospiel 8
Die Basstrommeln 8

THEORIE

Die wichtigsten Fragen der Kinder und ihre Antworten 9
Warum (Djembé-)Trommeln den Kindern gut tut 10

SPIELPRAXIS

Haltung der Djembé / Haltung der Basstrommeln 12/13
Schlagtechniken auf der Djembé 14
Das Hand-to-hand-Spiel 16
Die Bloquage 17
Binäre / ternäre Rhythmen 18

ORIGINALRHYTHMEN

Notenlegende, Sechs Djembé-Rhythmen der Malinké 20
- Balakulania 21
- Djolé 22
- Sofa 23
- Kuku 24
- Soli 25
- Soko 26

REIMSPIELE

Bass–Ton–Slap 28
Was kommt aus Afrika 29

LIEDER

Singen in Afrika 30
- Balakulania 30
- Wawanko 31
- Eh Douga 31
- I Banilé 32
- Miniam'ba 34
- Kélémagni 35

Wissen vermitteln durch Singen 36
- Mamadou in Afrika („Old Mac Donald had a farm") 37
- In Ägypten („Bruder Jakob") 38
- Von Land zu Land („My Bonnie is over the ocean") 42
- Quer durch Afrika („Auf der Schwäbischen Eisenbahn") 46

Kinderlieder mit der Djembé begleiten 48

MODULE

Die Module 49

STUNDENVERLÄUFE

Sechs Stundenverläufe aus den Modulen à 45 min. 52

MÄRCHEN

Fünf afrikanische Märchen 58

ANHANG

Die wichtigsten Melodie-Instrumente in Westafrika 72
Kauftipps für Kinder-Djemben 74
Wichtige Djembè-Spieler und CD-Tipps 75
CD-Index 77

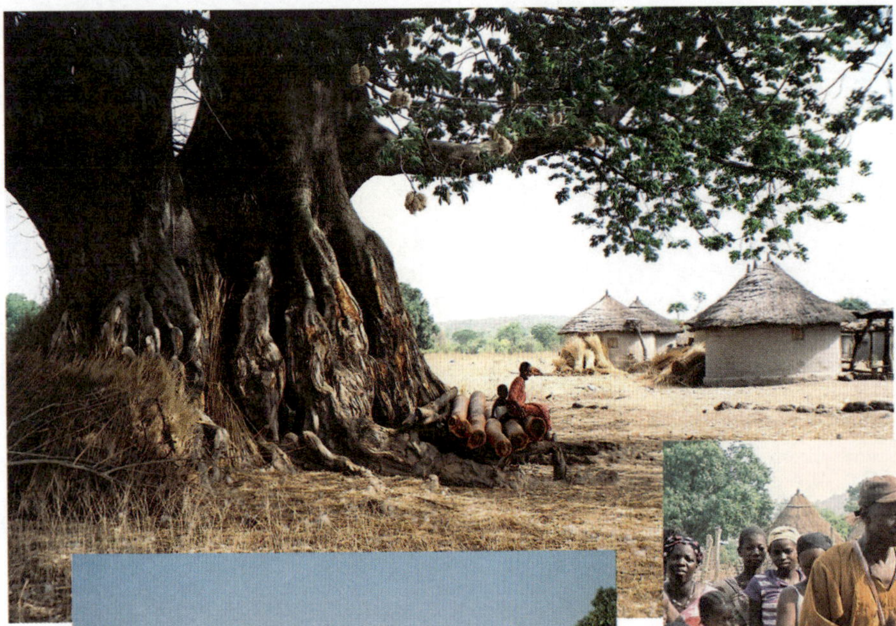
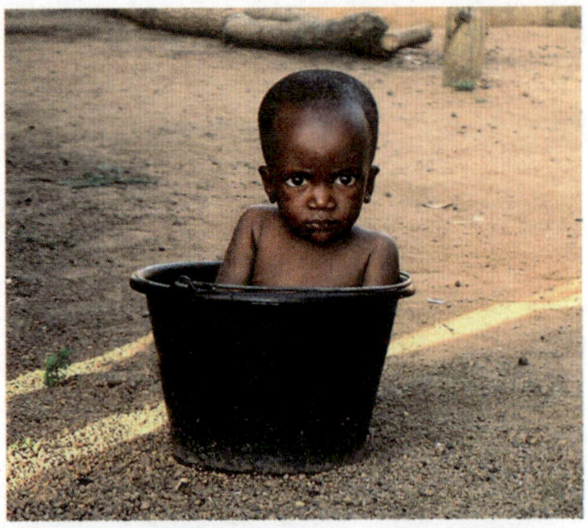
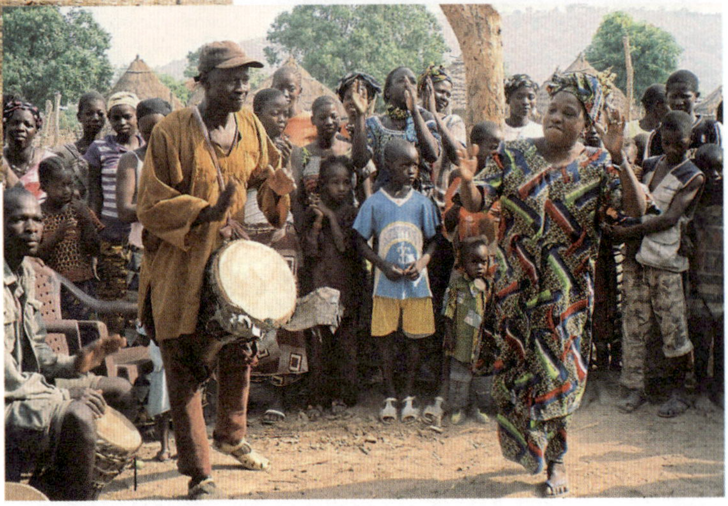
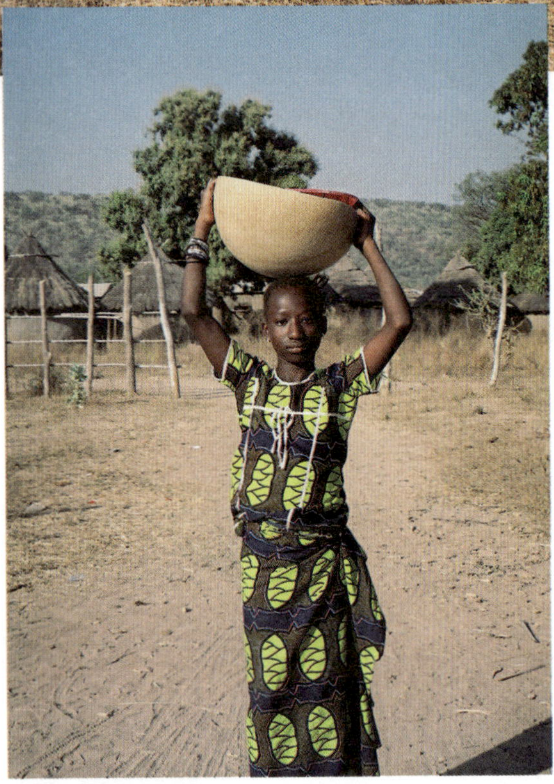
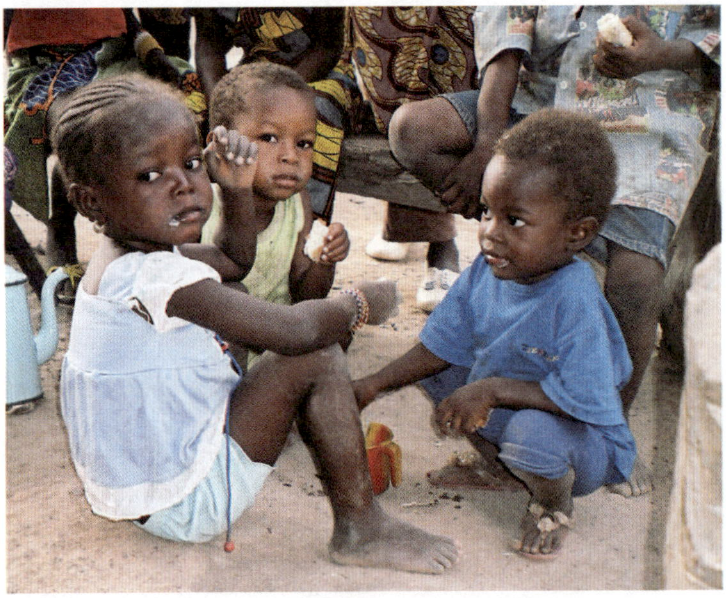
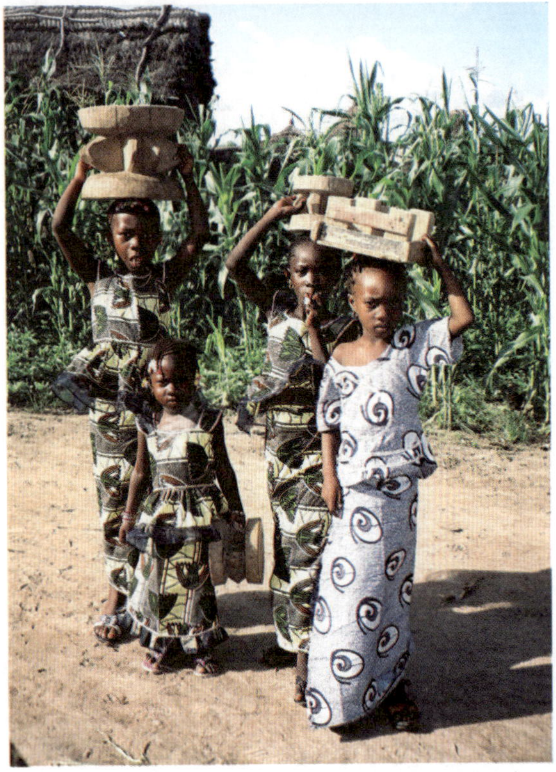
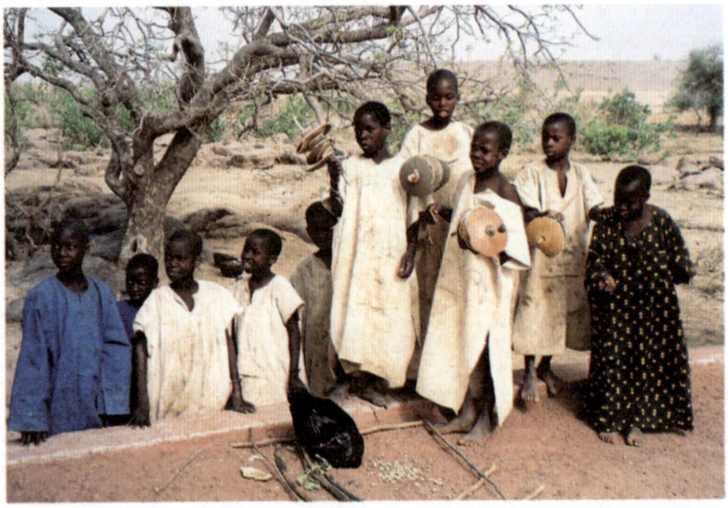

Vorwort

Wir empfehlen das Buch für die letzten zwei Kindergartenjahre sowie die Klassen 1 und 2 der Grundschule. Ab dem Alter von 5 Jahren ist eine ausreichende Konzentration und Koordination für das **Djembé-Spielen** gewährleistet. Auch für die ersten zwei Grundschuljahre ist das Konzept mit den Modulen sehr gut geeignet.
Ab der 3. Klasse kann man nun konkreter, dafür weniger spielerisch mit den Rhythmen arbeiten sowie die afrikanischen Lieder singen.

Die afrikanischen **Lieder** bringen viel Abwechslung und Spaß: Die gut nachvollziehbaren Gesänge sind faszinierend neuartig und schön, da sie sehr nah am westlichen diatonischen System sind. Um die **Lieder** nachvollziehen zu können, haben wir sie unter Begleitung der traditionellen Instrumente Djembé, Kora und Balafon gesungen. Eine praktische Idee ist das Singen bekannter Melodien mit neuen Texten, bei denen **spielerisch Wissen über Afrika** vermittelt wird.

Auch die afrikanischen **Märchen** eignen sich zum Erzählen und Analysieren – ähneln sie doch unseren Fabeln, wenngleich in Afrika Tiere und Menschen *gemeinsam* in den Geschichten agieren.

Auch **Lehrer und Eltern** erfahren viel Interessantes über Afrika:
- Wie greifen die einzelnen Djembé-Rhythmen ineinander und ergeben so ein verflochtenes Ganzes?
- Welche faszinierenden und komplexen Melodie-Instrumente und Lieder gibt es in Westafrika? Wer hätte gedacht, dass es hier Harfen und Xylophone gibt, die z. T. älter sind als ihre Pendants bei uns?

Auf der **CD** haben wir alle Stimmen der **Djembé-Rhythmen** einzeln vorgespielt, dann komplett im Ensemble (aufbauend, beginnend mit der Doundounba) mit tollen Solo-Einlagen.
Als „Entspannung und Lauscherlebnis" für die Kinder finden Sie **traditionelle Melodien** auf den außergewöhnlichen Instrumenten Kora und Balafon gespielt.

Speziell für den Kindergarten, die ersten zwei Grundschuljahre und die musikalische Früherziehung in der Musikschule haben wir das **Schüler-Heft** entwickelt. Durch das Ersetzen der Musiknoten durch Symbole wird der Zugang zum rhythmischen Notenlesen erleichtert. Das Konzept hat sich im Schlagzeug-Bereich bereits vielfach bewährt.
Die Kinder haben sicher viel Spaß beim Ausmalen der Symbole.

Die Karten im hinteren Umschlag dienen den Liedern „Mamadou in Afrika" und „In Ägypten".

Das Schüler-Heft kann man hier bestellen:

LEU-Verlag
Kolpingstr. 5
86356 Neusäß
Tel.: 0821 / 480 430 91
Fax: 0821 / 480 430 92
www.leu-verlag.de
leuverlag@aol.com

ISBN: 978-3-89775-171-2

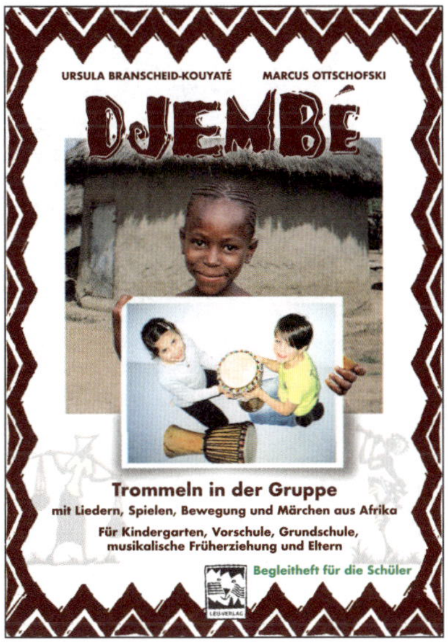

DIE DJEMBÉ IN AFRIKA

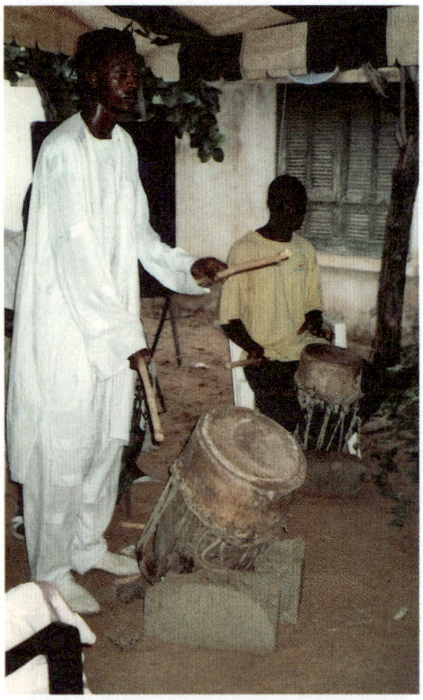

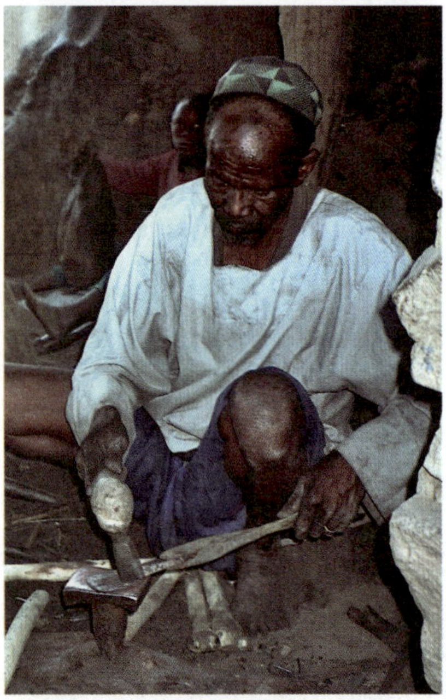

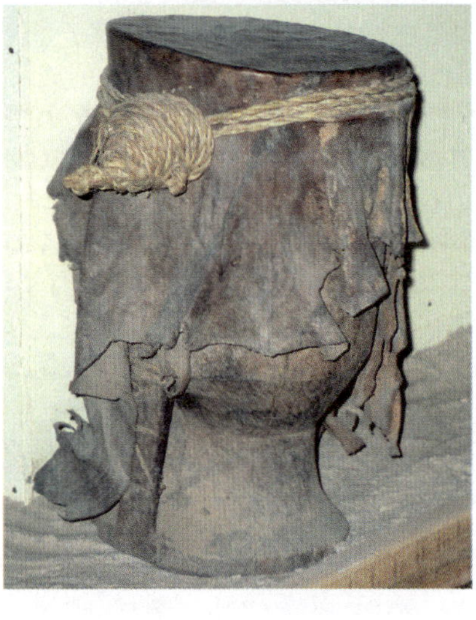

Djembé-Musik in Afrika

Etwa seit der Zeitenwende hatte man im westlichen Westafrika eine Trommel namens „Taboulo“, die durch die gerade aufgekommene Eisenverarbeitung in den Händen der Schmiede war. Sie bauten und spielten sie. Die Taboulo diente hauptsächlich der Nachrichtenübermittlung.

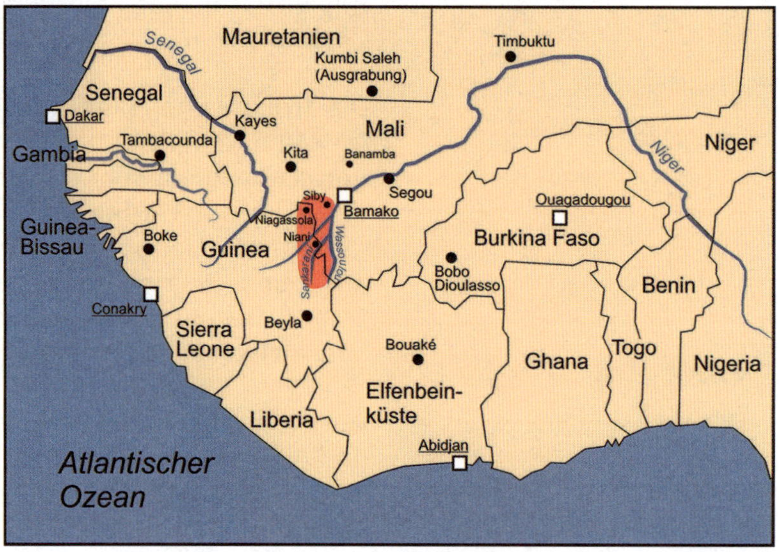

Manding-Fürstentum im 11./12. Jh.

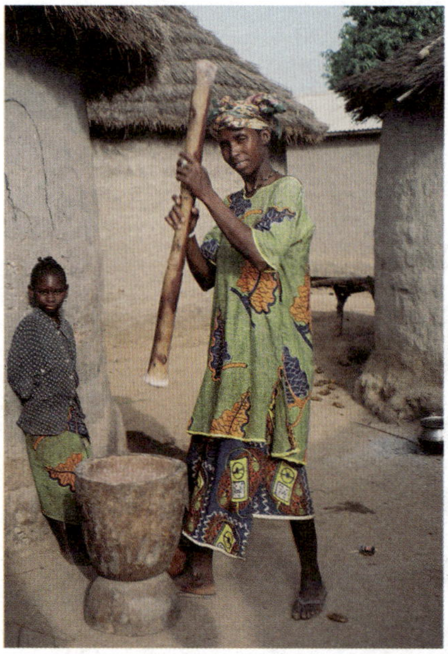

Die Djembé entstand in der Zeit des aufkommenden Reiches Mali, zu Zeiten der ersten Mande-Fürsten im 11. bis 12. Jh. Die Volksgruppe der Bambara ließ sich vom täglichen rhythmischen Stampfen der Frauen inspirieren, höhlte den Mörser aus und brachte ein Fell darauf an. So hatte man statt der unhandlichen, lediglich mit Stöcken gespielten Taboulo eine handlichere Trommel, die nun nur noch mit den Händen gespielt wurde. Die neue Trommel nannten sie „Djélabeng“, was in der Sprache der Bambara „versammeln“ heißt. Daraus wurde „Djembé“.
Die neue Trommel wurde nun zur Begleitung von Tanz und Gesang eingesetzt.

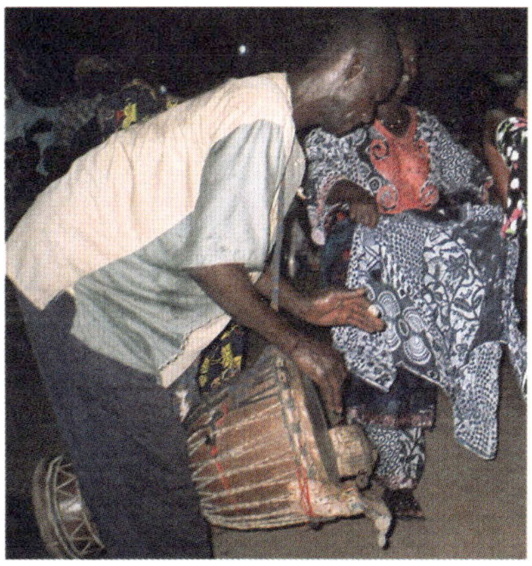

Die wichtigsten Fragen der Kinder und ihre Antworten

„Warum ist die Djembé so laut?"

Für den Klang ist die sog. Becherform der Djembé verantwortlich: Schlägt man oben auf das Fell, wird die Luftsäule nach unten bewegt, auf Höhe des „Knicks" enorm komprimiert und unten geballt rausgelassen. Das sorgt für den enormen Bass. Die am Rand gespielten Schläge (Ton und Slap) sind höher, weil hier speziell das sehr hoch gespannte und dünne Fell zum Tragen kommt.

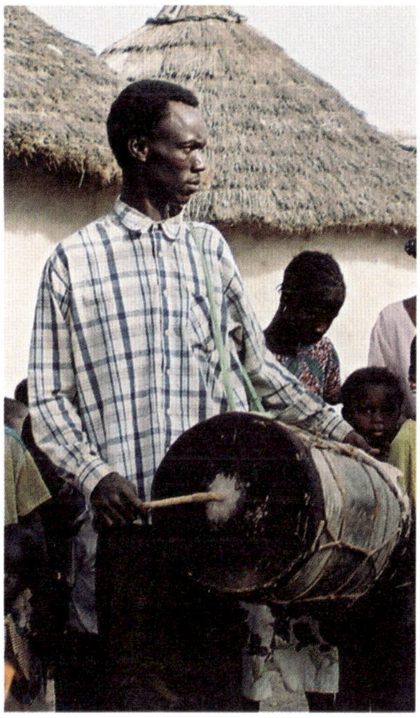

„Warum klingt die Djembé des Nachbarn anders als die eigene?"

Jede Djembé ist handgefertigt und ein Unikat. Dabei kommen keine Maschinen zum Einsatz. So ist jede Trommel ein wenig anders.
Eine ganz große Rolle spielt auch die Qualität des Holzes (dicht und schwer, aus tropischen Ländern), die gute Spannung des Fells (Ziege) sowie ganz allgemein die Größe des Instruments.

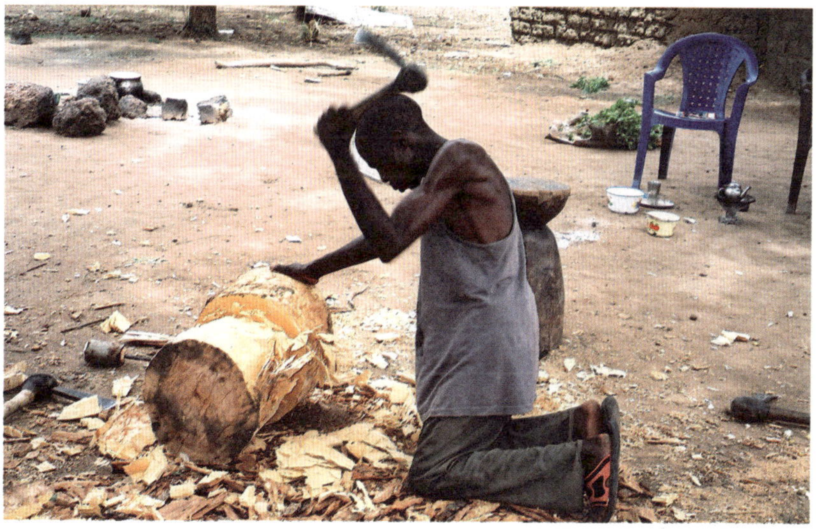

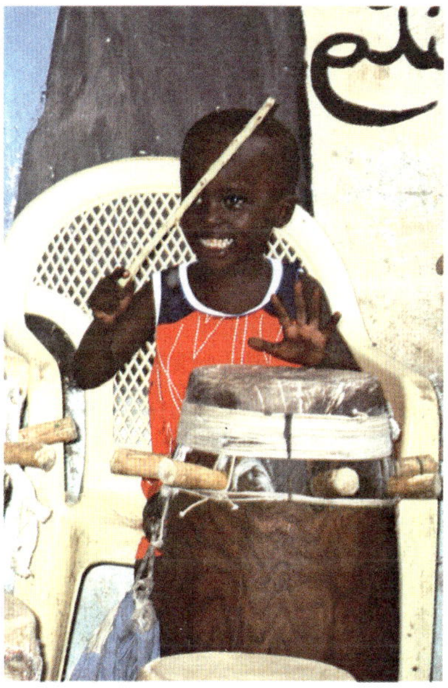

„Warum spielt man auf der Djembé mit der Hand, andere Trommeln (z. B. Basstrommeln) mit dem Stock?"

Würde man auf das dünne, hoch gespannte Ziegenfell der Djembé mit Stöcken schlagen, ginge es kaputt. Es ist wirklich nur für Hände geeignet.
Mit Stöcken gespielte Trommeln haben dickere Felle und manchmal sogar noch Haare (s. „Basstrommeln") oder im Falle des Schlagzeugs Kunstfelle, die nicht so schnell kaputt gehen. Einige Trommeln (z. B. Pauken) werden auch nur mit weichen „Bommel-Schlägeln" gespielt.
Es gibt auch ein paar wenige Trommeln, die mit einem Stock und einer Hand gespielt werden (z. B. Sabar oder Soruba im Senegal bzw. die Talking Drum in ganz Westafrika).

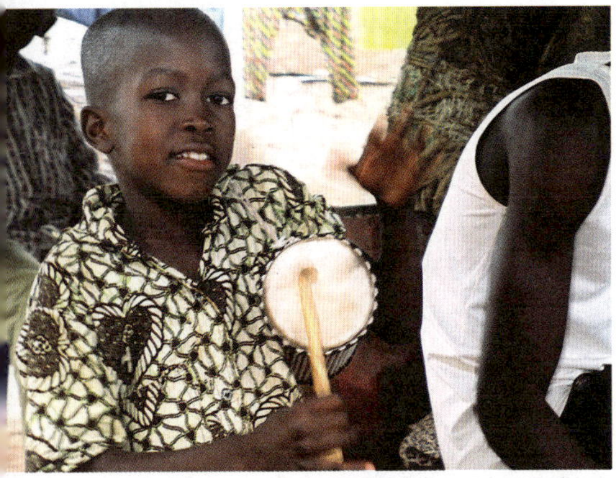

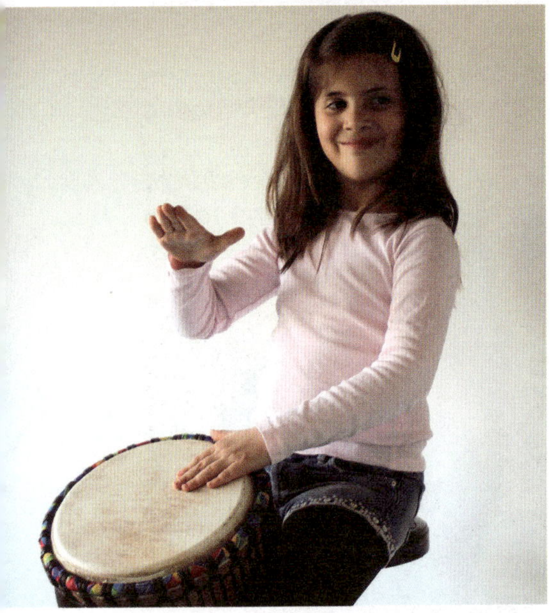

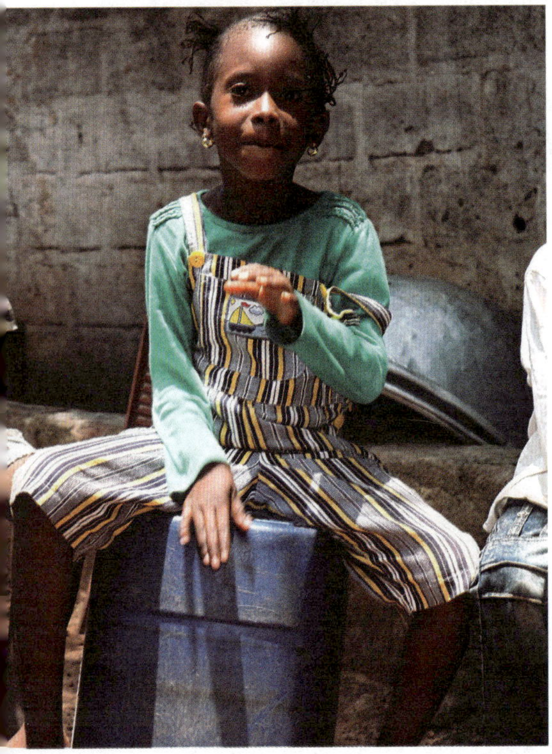

Warum (Djembé-)Trommeln den Kindern gut tut

Trommeln ist mehr als nur Draufhauen, denn Motorik, Konzentration und Reaktion werden geschult:

Motorik:
- Die Hände (z.T. auch Füße) müssen beim Trommeln koordiniert werden.
- Die eigenen Schläge müssen mit denen der anderen Kinder koordiniert werden.
- Das setzt voraus, dass die eigene Bewegung mit dem Gehörten zusammengebracht wird und mit der optischen Beobachtung der anderen Kinder und des Lehrers (drei Sinne!).

Konzentration:
- Rhythmus schafft Struktur. Es wird Ordnung im Kopf geschafft, eine Art Balance durch die rhythmischen Schläge und das Zusammenbringen verschiedener Rhythmen. Das führt zu Erfolgserlebnissen, besonders bei zappeligen Kindern.
- Durch die sinnliche Wahrnehmung einer musikalischen Struktur wird die Konzentration geschult und die **Lernleistung** verbessert, ebenso die allgemeine **Disziplin**.

Reaktion:
- Bei jeglicher Art von Musik muss auf äußere (und innere!) Signale möglichst schnell reagiert werden.
- Der Ausgleich durch ruhige Musik (die die afrikanische Musikkultur durchaus bietet) und Entspannung ist dann der Schlüssel, warum sich die Kinder bei der afrikanischen Musik so wohl fühlen.
- Durch das Singen kann sich jeder mit seiner persönlichen Stimme einbringen. In einer fremden Sprache zu singen, ist dabei (auch für Erwachsene) manchmal angenehmer.
- Durch das Trommeln, Singen und die Bewegung kommen Dinge zum Vorschein, die bisher brach lagen, z. B.:
  - schüchterne Kinder trauen sich plötzlich, zwischen den Stimmen hin und her zu wechseln oder alleine Stimme 2 zu spielen, während alle anderen Begleitung 1 spielen. So entwickeln zurückhaltende Kinder Mut und Selbstvertrauen.
  - Selbstbewusste und sonst eher coole Kinder sitzen plötzlich ganz konzentriert und gespannt an ihrem Rhythmus.
  - Zappelige Kinder kommen bei der Entspannungs-Musik zur Ruhe und legen manchmal den Kopf zurück und genießen einfach nur.

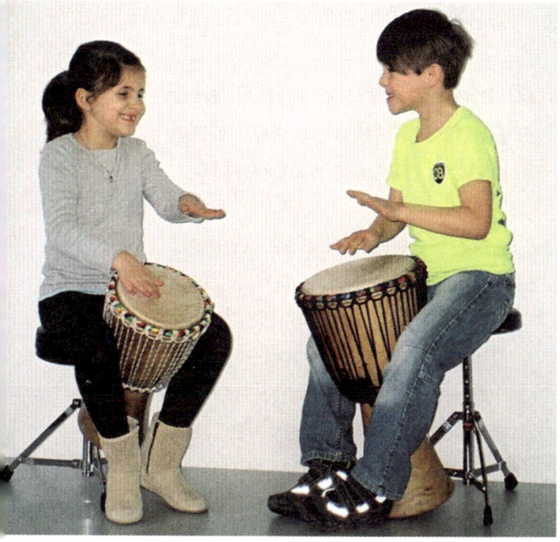

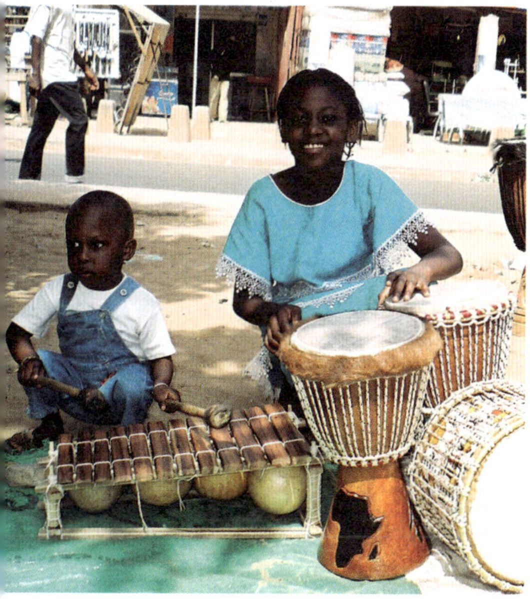

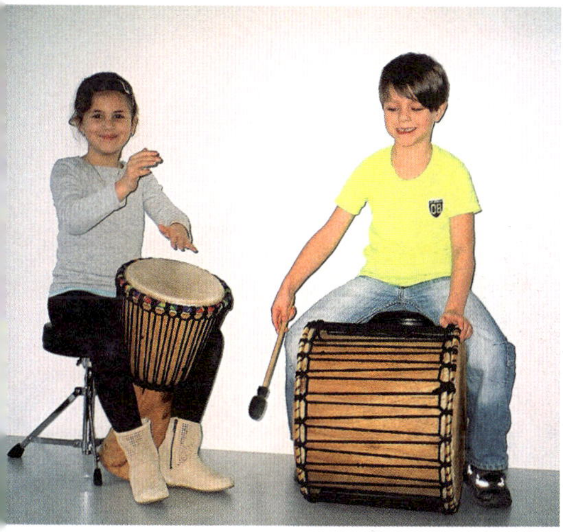

Warum das Trommeln in einer Gruppe gut tut – pädagogische Perspektiven:

- Die Trommelgruppe steht quasi als Modell für eine Gesellschaft im Kleinen und dient der **Sozialisation**: Gemeinschaftsgefühl entsteht: Nur zusammen funktioniert der Groove, jeder ist wichtig. Schlägt einer daneben, fällt der ganze Rhythmus auseinander. Wer nicht so gut ist, bekommt eine leichtere Stimme oder eine Rassel und kann somit auch etwas beitragen.
- Durch das Trommeln in einer Gruppe wird die Rücksichtnahme auf andere geschult, dazu kommt die Bestätigung durch andere, das trägt zur Persönlichkeitsentwicklung bei.
- Klassen finden zueinander: Neue Klassen, in denen die Kinder sich zunächst fremd sind, wachsen schnell zusammen. Durch das gemeinsame Spiel lernen sie sich schnell und spielerisch kennen; es entsteht Vertrauen.
- **Cliquen werden aufgelöst:**
  - ein paar Jungen und ein paar Mädchen müssen plötzlich als Gruppe zusammen eine Stimme spielen,
  - schüchterne und selbstbewusste Kinder spielen z. B. gemeinsam die Basstrommeln,
  - ein ansonsten ausgegrenztes Kind gibt das Startsignal für alle ...

Kompetenzerwerb im Umgang mit Konflikten und Streit: Der Lehrer soll ganz bewusst Grenzen aufbrechen. Dies dient der **Konflikt-Prävention.** Nach dem gemeinsamen Spiel sieht ein Kind das andere mit ganz anderen Augen, es entsteht Respekt bzw. Vertrauen, obwohl man den anderen vielleicht vorher nicht mochte. So wird der nächste Streit vermieden. Soziales Lernen in einer Gruppe wird gefördert: Wie gehe ich mit dem anderen in einer Konflikt-Situation um, wenn ich doch demnächst wieder mit ihm gemeinsam spiele? Da war er so gut, dort besaß er Kompetenz ...
Auch sich selbst lernen die Kinder durch das Musizieren besser kennen.

So kann das gemeinsame Musizieren auch als Prävention gegen Mobbing eingesetzt werden!

Tipp: **Maximal 15 Kinder** unterrichten. Im Falle von z. B. 20 Kindern sollte man sie in 2 Gruppen à 10 Kinder aufteilen.

Der Hauptaspekt beim Trommelkurs sollte neben dem Erlernen der Form und Struktur von Musik die Vermittlung von Spielfreude und Spaß am gemeinsamen Musizieren sein. Nicht selten öffnet ein guter Trommelkurs die Tür für andere Instrumente.

Die Haltung der Djembé

Achten Sie unbedingt darauf, dass jedes Kind auf einem Stuhl sitzt. Niemals die Djembé flach auf den Boden stellen und das Kind einfach davor setzen!

Im Sitzen kippt man die Djembé leicht nach vorne, damit die Öffnung unten nicht flach auf dem Boden steht und den Sound schluckt. Achten Sie bei den Kindern unbedingt darauf! Denn nur, wenn durch die Öffnung unten die Luft auch entweichen kann, hat man einen wirklichen Djembé-Sound. Auf eine auf dem Boden stehende Djembé zu schlagen, klingt wie Omas Kochtopf. Da ist die schöne Trommel zu schade, und die Kinder haben garantiert keinen Spaß.

Mitunter neigen Anfänger (Kinder wie Erwachsene) dazu, die Djembé erst einmal zu weit entfernt von sich zu halten. Dann spielt man automatisch mit gestreckten Armen. Man nehme die Trommel ruhig nah genug heran, sodass man bequem die Schläge ausführen kann.

Die Spielkante sollte auf Höhe der Hüftknochen sein. Ist die Djembé darunter, kann man nämlich den Slap nicht ausführen, weil man durch das angewinkelte Handgelenk sonst zuerst auf sein eigenes Bein trifft, bevor die Djembé kommt. Eine zu hohe Djembé führt dazu, dass man aus den Schultern spielt und quasi über die Djembé herüberlangen muss.

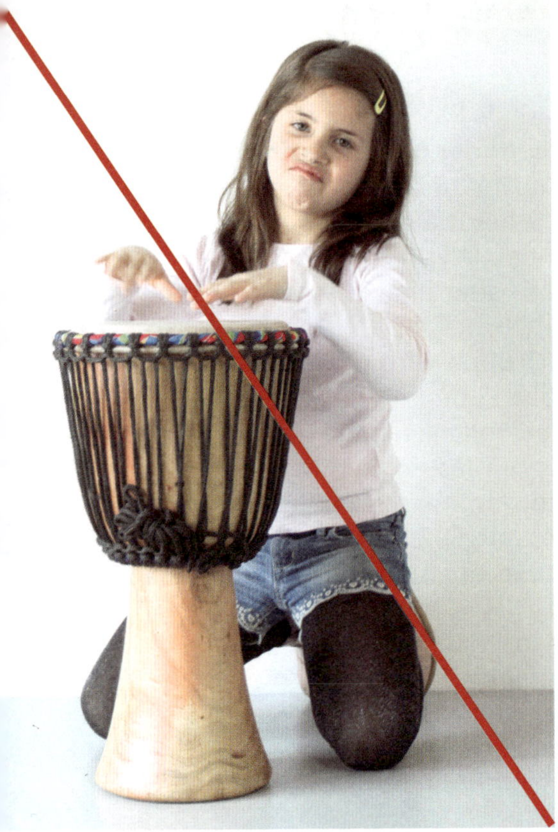

Djembéhaltung falsch

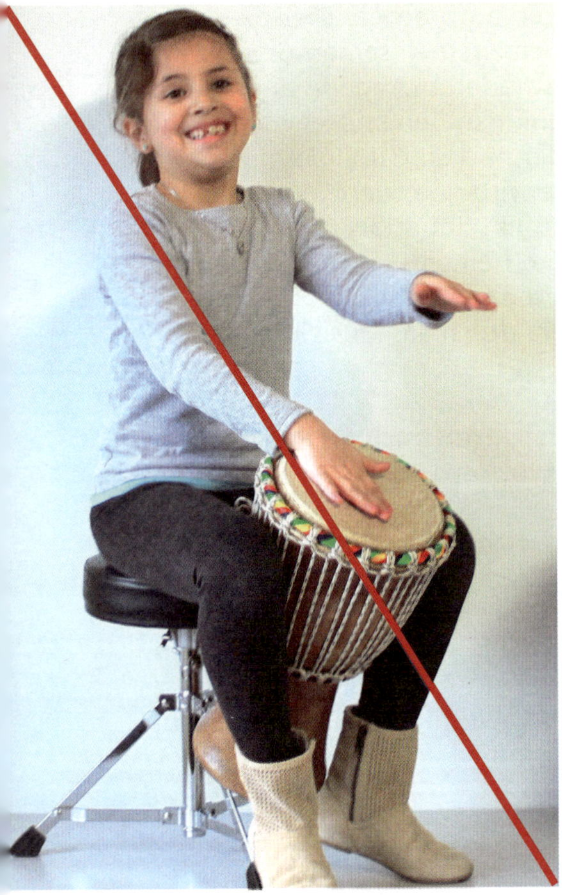

Djembéhaltung falsch: zu kleine Djembé (steht nicht auf dem Boden), gestreckte Arme.

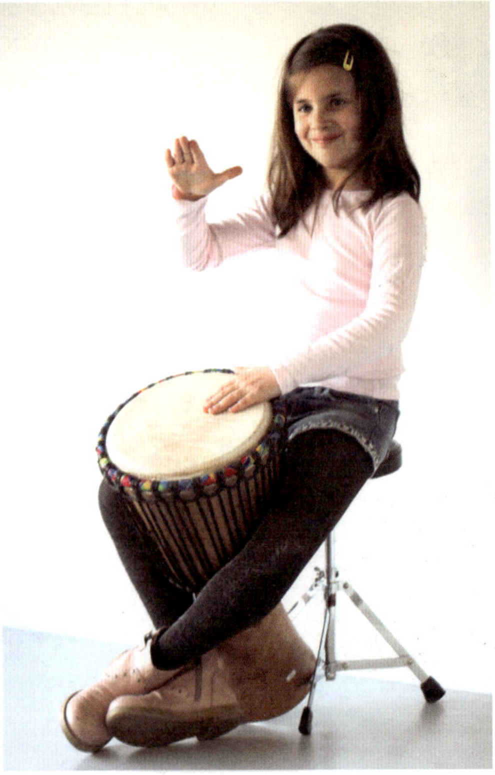

Djembéhaltung richtig

Haltung der Basstrommeln:

Basstrommeln oder als solche umfunktionierte Kongas o. Ä. immer quer legen: etwa auf einen Stuhl und dann seitlich darauf schlagen (große Basstrommeln kann man auch auf den Boden legen). Eine mögliche Glocke kann man oben drauf montieren oder (wenn man keine Glocke hat), einfach auf die Stuhllehne oder den Kesselrand der Trommel schlagen. Wenn man die Basstrommeln senkrecht benutzen will (z. B. mehrere gleichzeitig spielen will), braucht man geeignete Ständer.

Als Stöcke eignen sich Drumsticks oder auf ca. 40 cm abgesägte Besenstiele aus dem Baumarkt (Durchmesser 16 – 18 mm).

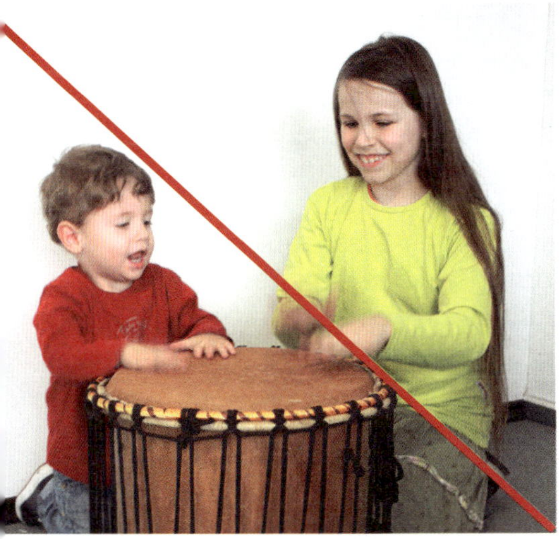

Falsche Positionierung der Basstrommel senkrecht auf dem Boden und mit Händen gespielt

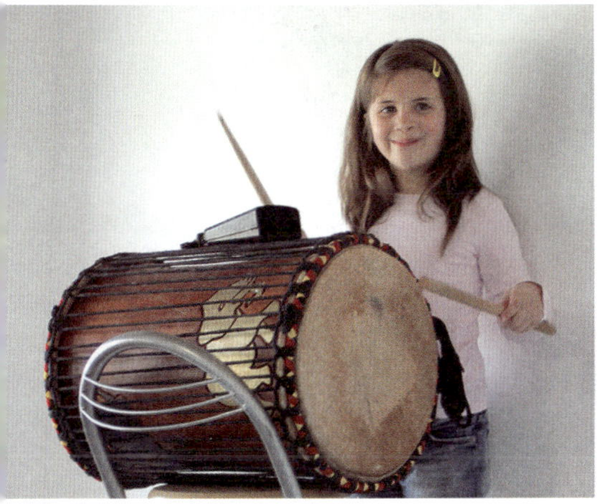

Richtige Positionierung der Basstrommel auf Stuhl mit Stock und Glocke

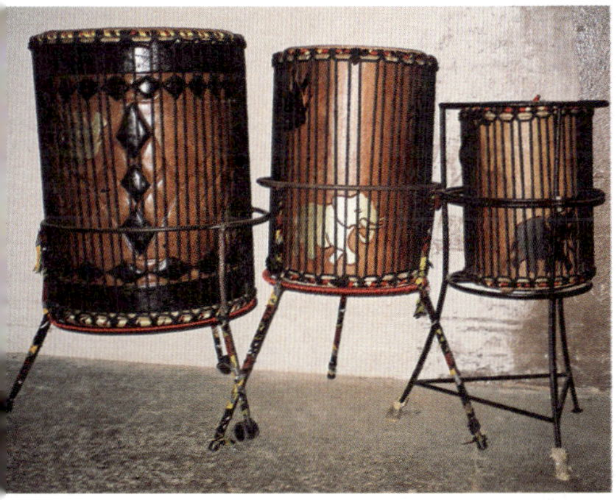

Ideal: Basstrommeln senkrecht in Ständer

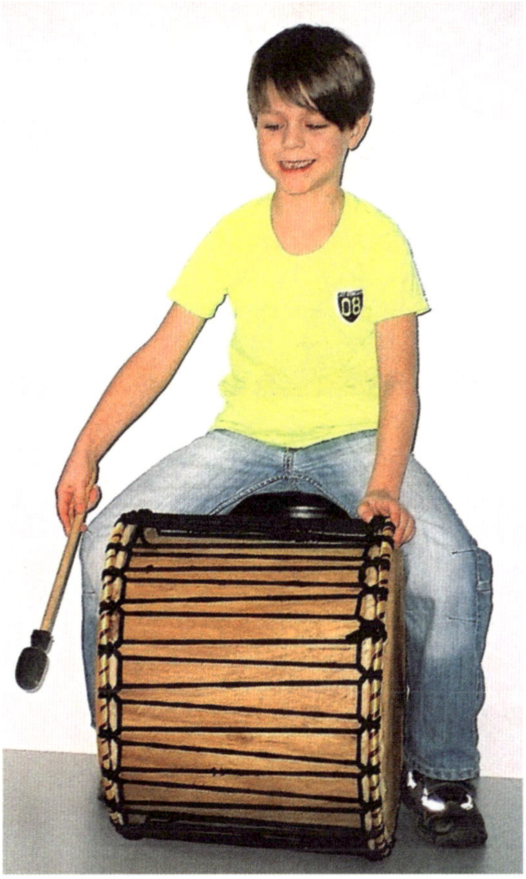

Basstrommel-Haltung richtig, quer auf dem Boden, das Kind sitzt auf einem Stuhl

Schlagtechniken auf der Djembé

Allgemeines: Auf der Djembé wird immer „offen" gespielt, d. h., die Hand verlässt das Fell nach dem Schlag gleich wieder. Unbedingt darauf achten, dass die Schüler nicht auf dem Fell „kleben bleiben".
Unterarm und Hand bilden einen Hebel. Dieser führt die Schläge aus. Es wird **nicht aus dem Handgelenk** gespielt. Von oben nach unten spielen: Keine seitlichen Bewegungen ausführen, wischen, rudern oder kippen.

Ein runder Spielfluss ist nur möglich (v. a. in höheren Tempi), wenn der Weg von oben nach unten führt.

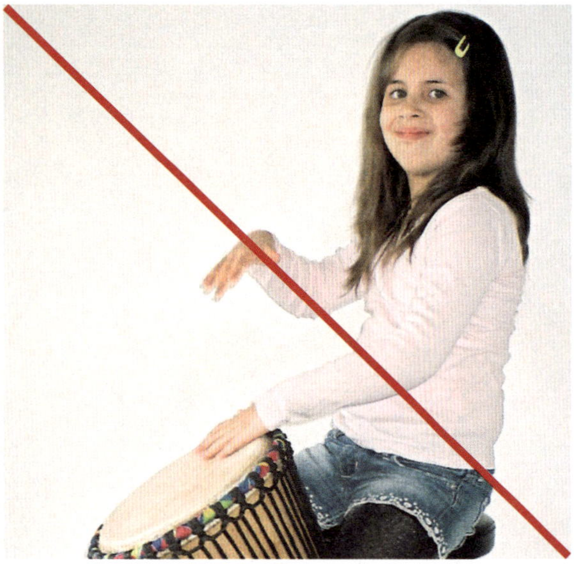

falsch: aus dem Handgelenk gespielt, „Marionettenhände

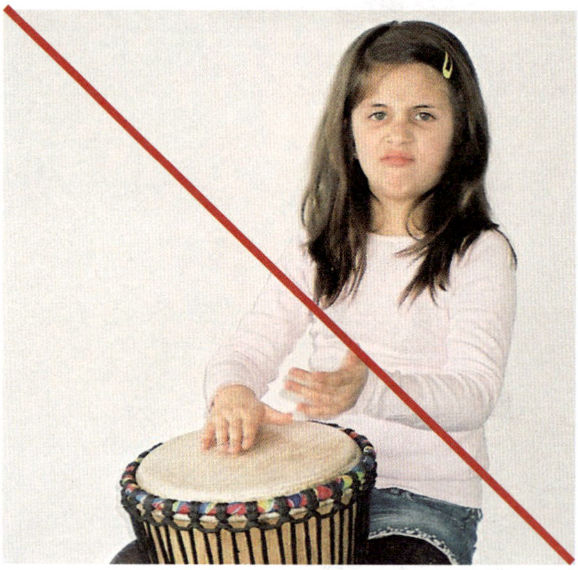

falsch: kippende Hände und offene Finger

Bass:
Beim Bass schlägt die leicht gespannte, flache Hand auf die Mitte des Fells. Die Finger sind geschlossen, der Daumen steht ab.

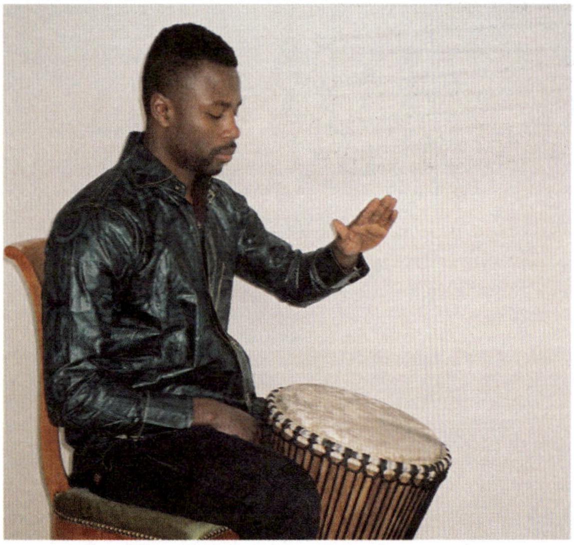

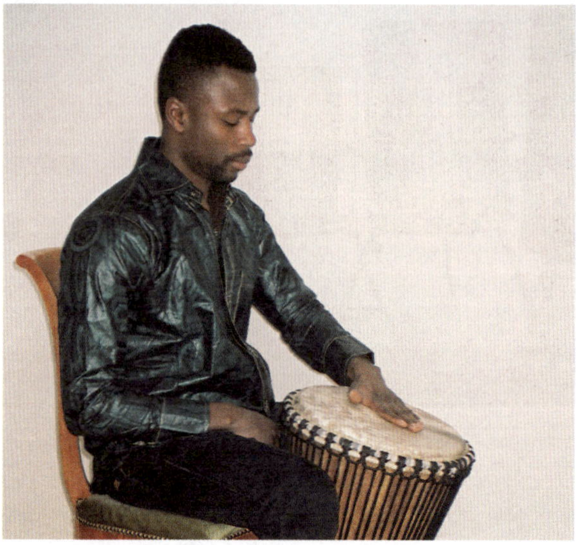

Ton:
Beim Ton trifft nicht mehr die ganze Hand, sondern nur noch die Fläche der geschlossenen Finger aufs Fell, die sog. Finger-Grundgelenke sind auf der Kante. Die Hand ist wie beim Bass gerade und leicht gespannt. Ganz wichtig: Flach auftreffen, keinen Winkel!
Daumen unbedingt weghalten, denn sonst trifft man genau mit einem Knochen des Daumens auf die harte Kante.
Der Ton klingt eher trocken, kurz, nicht zu hoch.

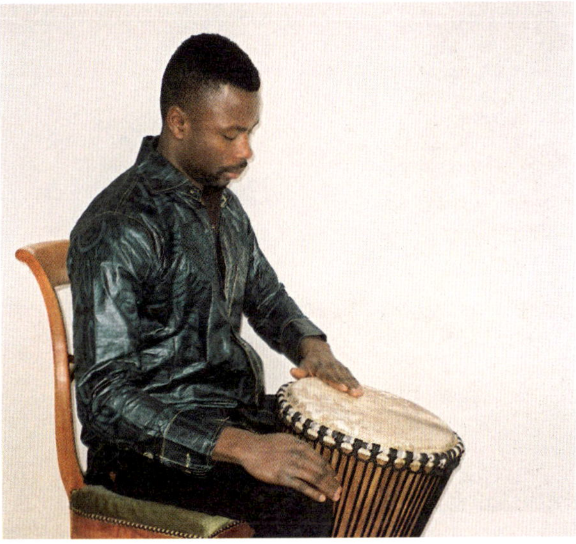

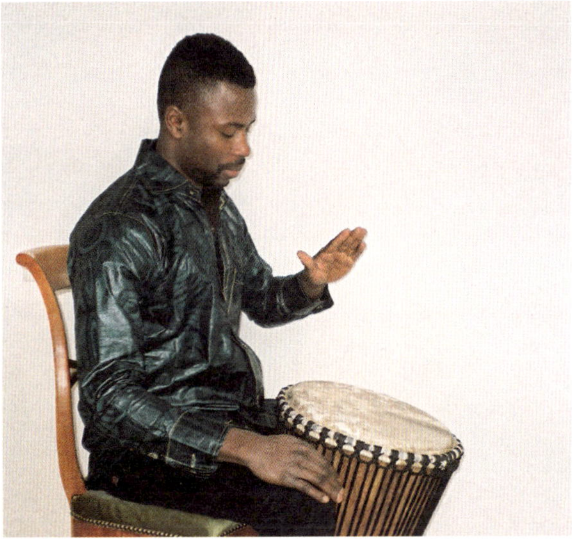

Slap:
Beim Slap trifft man mit der gleichen Stelle der Hand auf die Trommel, aber diesmal sind die Finger locker und geöffnet. Das Handgelenk ist angewinkelt. Wenn man nun schlägt, sollte sich beim Auftreffen das Handgelenk unterhalb der Kante befinden. Dadurch können die Finger quasi peitschenartig auf das Fell treffen.
Der Slap ist hoch und schrill.

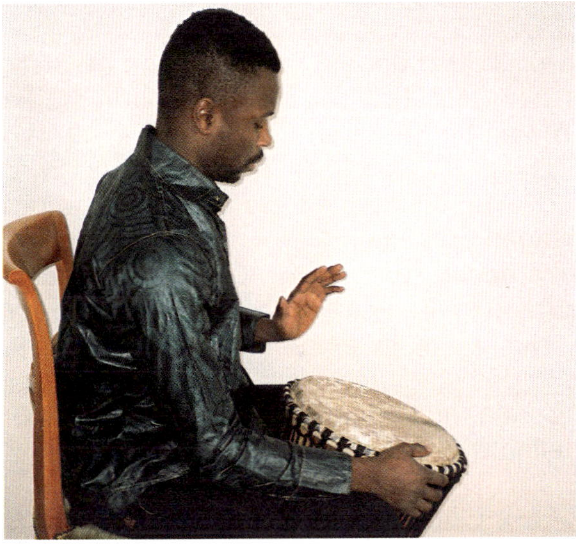

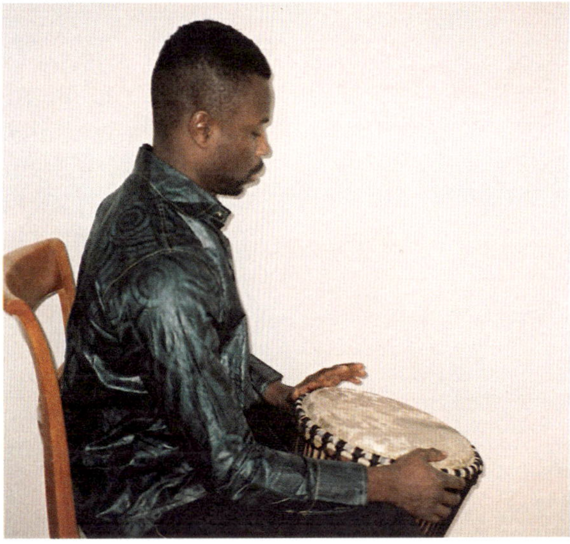

Tab (Leerschlag)
Beim Tab spielt man nur ganz leicht mit den Fingerkuppen auf dem Fell. Die Hand hat keinerlei Spannung.

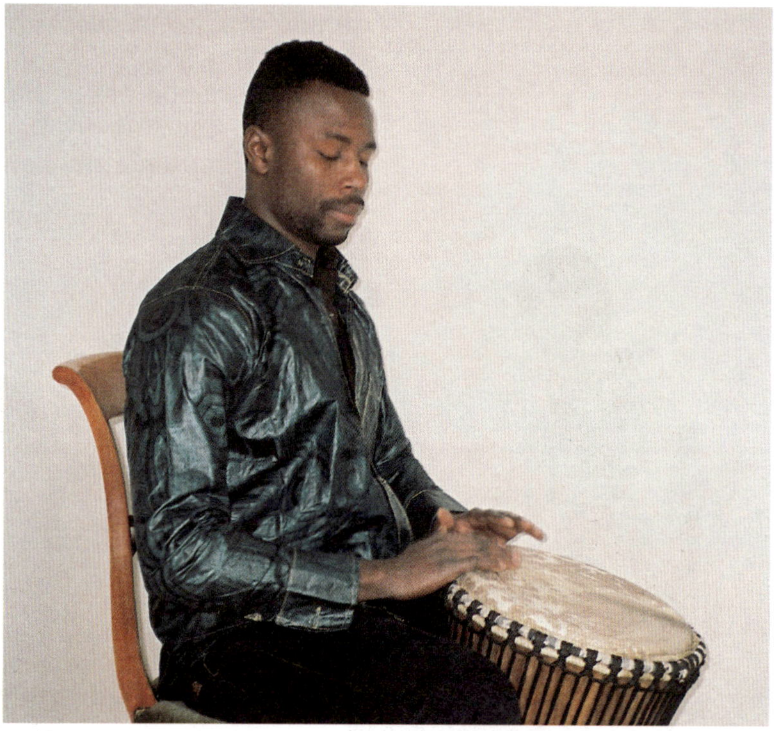

Flam (Effektschlag)
Speziell für das Startsignal (Bloquage) benötigt man einen kleinen Vorschlag (Flam). Hierbei trifft ein flach ausgeführter kleiner Schlag vor dem eigentlichen Hauptschlag auf, welcher auf der Zählzeit liegt (der Vorschlag ist leicht davor).
Man führe den Vorschlag der Einfachheit halber mit links aus, damit der Hauptschlag auf rechts fällt und der Handsatz nicht durcheinander gerät.

Das Hand-to-hand-Spiel

Auf der Djembé wird durchgängig hand-to-hand gespielt. Das heißt, dass man alle 16tel abwechselnd durchspielt (bzw. alle 8tel-Triolen bei ternären Rhythmen – s. u.). Wo kein regulärer Schlag ist, also Bass, Ton oder Slap, wird als „Lückenfüller" ein Tab gespielt. So wird ein stetiges Rechts-Links-Schlagen praktiziert.
Das wird in Afrika genau so gemacht. Das gilt besonders für die durchlaufenden Begleit-Rhythmen und geht bis in hohe Tempi. Nur wenn es extrem schnell wird (z. B. während des extatischen Solos eines Tänzers) kann es kurzfristig nötig sein, das Hand-to-hand zu verlassen, ebenso bei schnellen Djembé-Soli.

Gitarristen kennen dies ebenso, wenn sie mit der rechten Hand die Saiten immer rauf und runter anschlagen. Mal laut, mal leise. Das ist im Prinzip das Gleiche wie bei der Djembé. So ist ein durchgehender Fluss garantiert, der immer groovt.

Anfangs- und Schluss-Signal: die Bloquage

Anstatt einzuzählen, spielt man in Afrika einfach ein Signal, die sog. Bloquage. Sie hat die Länge eines Taktes, somit stehen Tempo und Phrasierung fest. Die Bloquage wird nur von *einem* Spieler gespielt, dann setzen die anderen ein. Um einen Rhythmus zu beenden, muss die Bloquage laut und deutlich und auf der „eins" beginnend gespielt werden.

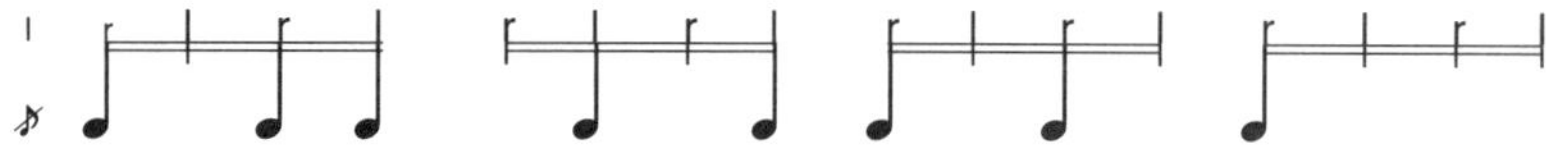

Für den Kindergarten endet hier das Basis-Wissen. Lesen Sie weiter auf S. 20 „Originalrhythmen".

Für die Grundschule folgt die weiterführende Theorie, denn hier können neben den bisher behandelten binären Rhythmen auch ternäre gespielt werden:

Binäre / ternäre Rhythmen

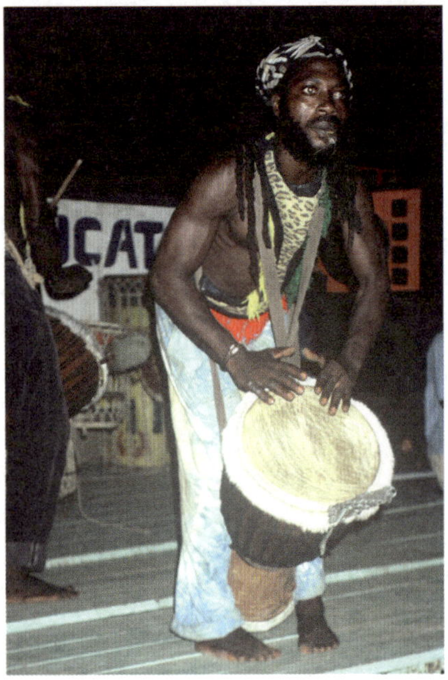

Für alle Musikstile gilt: Es gibt prinzipiell zwei Möglichkeiten der ‚Phrasierung': binär und ternär. Diese Bezeichnung bezieht sich nur darauf, was *zwischen* den Viertel-Noten passiert: Wird hier weiter in 8tel- und 16tel-Noten unterteilt oder in 3er-Schritte, nämlich Triolen, Sextolen usw. Das ist ganz unabhängig davon, ob es sich um einen 3/4tel-, 4/4tel- oder 5/4tel-Takt handelt. Jeder von ihnen kann binär oder ternär sein.
Im westlichen Westafrika kommen allerdings zu 99 % 4/4tel-Takte vor. Extrem selten sind die Rhythmen Komodé oder Kotjédjuga aus Guinea, die ternäre 3/4tel-Takte sind.

Das Hand-to-hand-Spiel verteilt sich bei ternären Rhythmen ebenso abwechselnd über die 12 Schläge eines Taktes wie bei binären Rhythmen über die 16 Schläge:

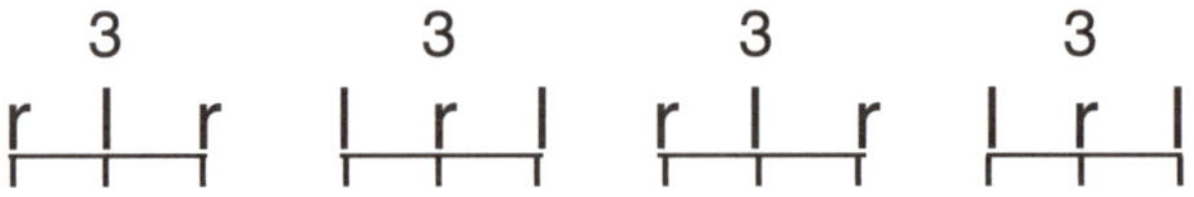

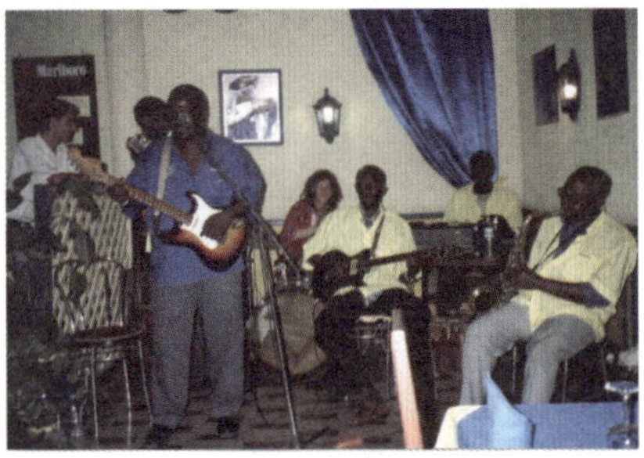

Musikstile, in denen häufig ternäre Rhythmen gespielt werden, sind Blues und Swing, man denke an „New York, New York". Triolen sind auch deutlich zu hören in „House of the Rising Sun". Im Reggae sind etwa 50 % binär, 50 % ternär. Disco, Hip Hop und Funk-Grooves gehören fast immer dem binären Lager an.
Bei unserer Auswahl sind folgende Djembé-Rhythmen binär: Balakulania, Djolé, Sofa, Kuku. Ternär: Soko, Soli.

Bei ternären Rhythmen gibt es andere Bloquagen als bei binären. Die gängigste ist diese:

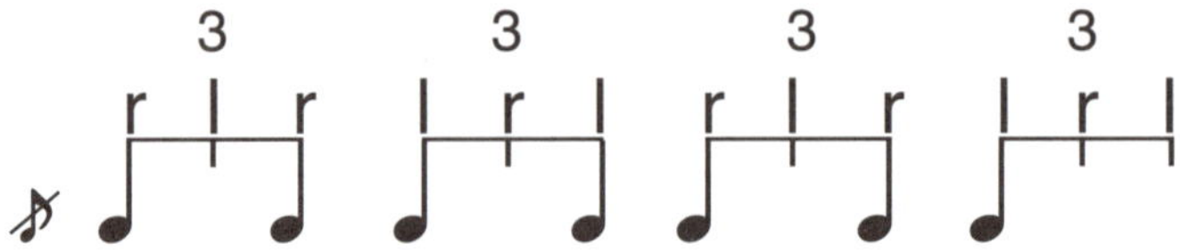

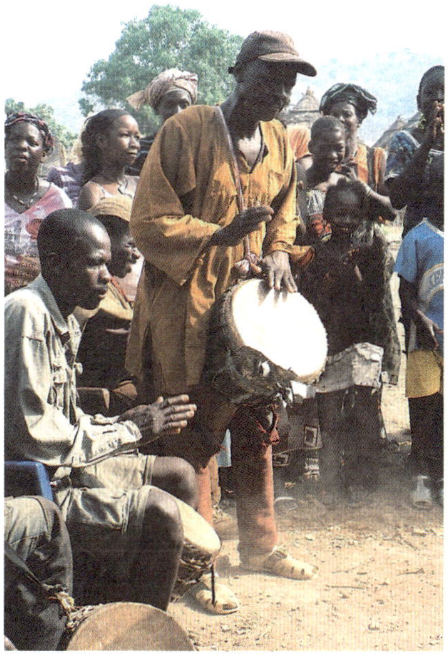

Ein Charakteristikum zieht sich durch die gesamte westafrikanische Musik: eine starke Beat-Bezogenheit. Obgleich die Basstrommel-Stimmen und die Djembé-Soli durch polyrhythmisches Spiel scheinbar den Beat auflösen, durchzieht die 4/4tel-Pulsation die gesamten Rhythmen. Eine Betonung wie in abendländischer Musik auf die „eins" und „drei" (Melodie) oder „zwei" und „vier" (Rhythmus) findet allerdings nicht statt, weswegen vielfach die falsche Meinung vorliegt, der afrikanischen Musik lägen gar keine 4/4tel zugrunde.
Ebenso erschwerend ist für europäische Zuhörer, dass die Djembérhythmen extrem schnell gespielt werden und sich ineinander verzahnen und verschachteln. Häufig ist es ungeübten Zuhörern nicht möglich, die Struktur zu erkennen. Daher wird schnell einmal behauptet, da gäbe es eben keine. Die ersten Musikethnologen Ende des 19.Jh.s behaupteten sogar: „Die Neger spielen schnelle Rhythmen, die aber keinen Zusammenhalt haben, sie folgen keiner Struktur und die Trommler wissen auch nicht, was sie tun". Heute hat man die Djembérhythmen natürlich analysiert und erkannt, wie komplex sich die Schläge um die Pulsation gruppieren, ebenso wie die Polyrhythmik den Zuhörer geschickt an der Nase herumführt.

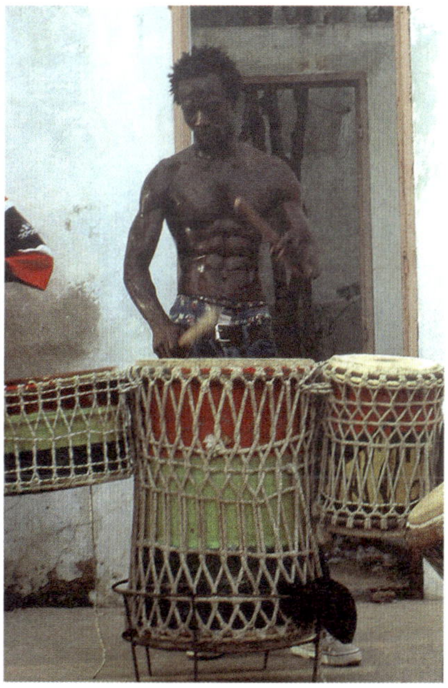

Ebenso hilft die Betrachtung der gesamten Kultur: Djembé-Musik findet in Afrika nämlich traditionell nur zum Begleiten von Tanz statt. Und die Tanzschritte werden klar auf alle vier Viertel getanzt, die Figuren laufen genau über die 4 bzw. 8 Schläge von einem oder zwei Takten. Dann wird eine Bloquage gespielt und die nächste Tanzfigur folgt. Immer genau von einer festen „eins" bis zur „vier". Ob binär oder ternär ist dabei egal, alle Tanzfiguren sind auf vier auszuzählen. Deswegen ist auch die Bezeichnung 6/8tel-Rhythmus hier nicht richtig. Es wird auf vier Schläge getanzt, dazwischen sind entweder 8tel und 16tel (binäre Rhythmen) oder Triolen (ternäre Rhythmen).

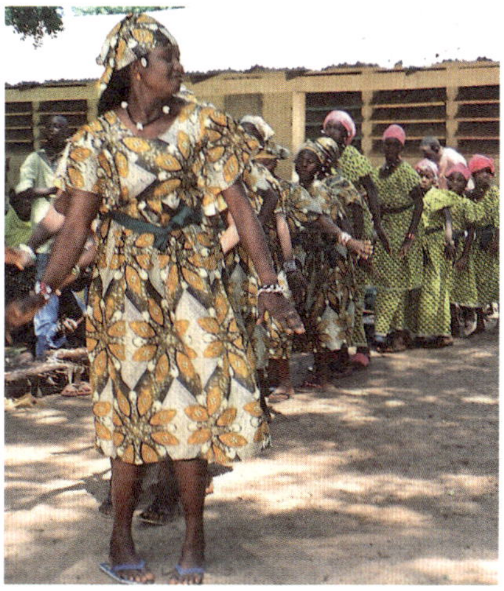

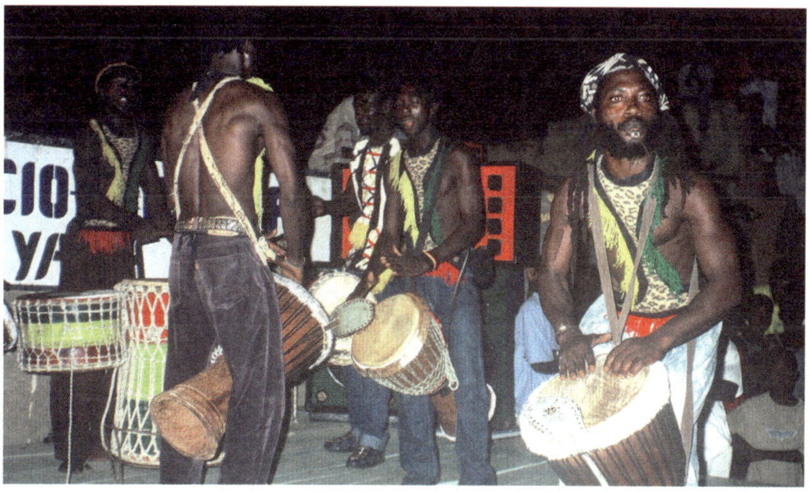

ORIGINALRHYTHMEN

Notenlegende

= Bass (bzw. Doundounba-Schlag)

= Ton (bzw. Sangba-Schlag)

= Slap (bzw. Glocke bei den Basstrommeln)

= Kenkeni-Schlag

= abgestoppter Schlag (mit Stock, z. B. Sangba-Schlag)

= Flam (Vorschlag)

Sechs Djembé-Rhythmen

Wir haben typische Malinké-Rhythmen ausgesucht. Die Malinké sind über Teile von Mali und Guinea, ein wenig im Senegal und der Elfenbeinküste verbreitet:

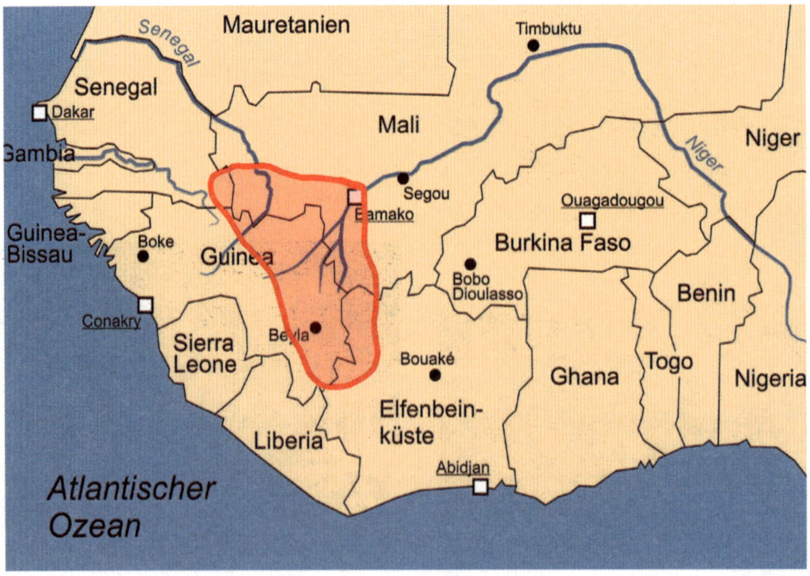

Djembé spielen aber auch andere Ethnien, die auf dem Gebiet des mittelalterlichen Reichs Mali verbreitet sind (s. Karte S. 7) und zu den Mande-Volksgruppen gehören: Bambara, Susu, Baga, Nalu ...

Balakulania:
ein leichter Rhythmus der Malinké, Lied dazu s. S. 30.
Es geht um die Wertschätzung von Kindern.

(2) die einzelnen Stimmen langsam hintereinander

(3) Balakulania komplett mit Solo

(14) Lied Balakulania

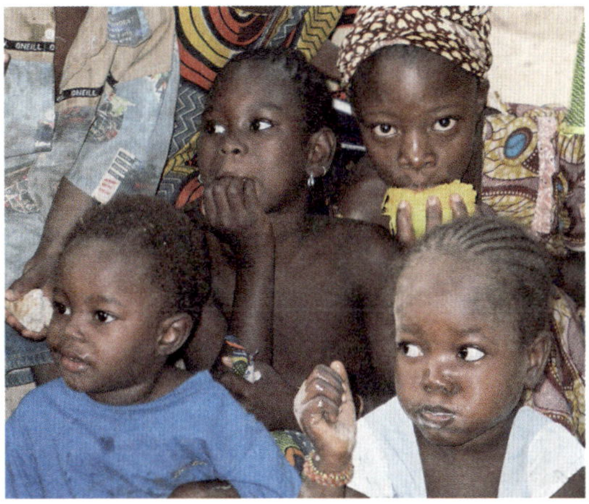

Djembé 1:

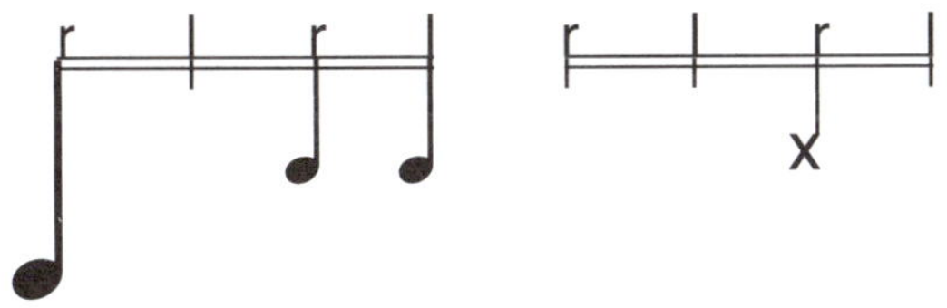

Djembé 2:

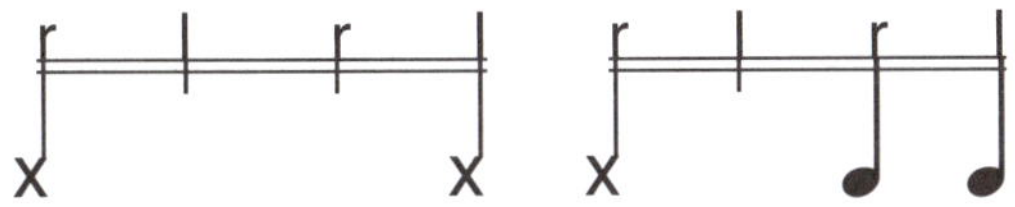

Bloquage:

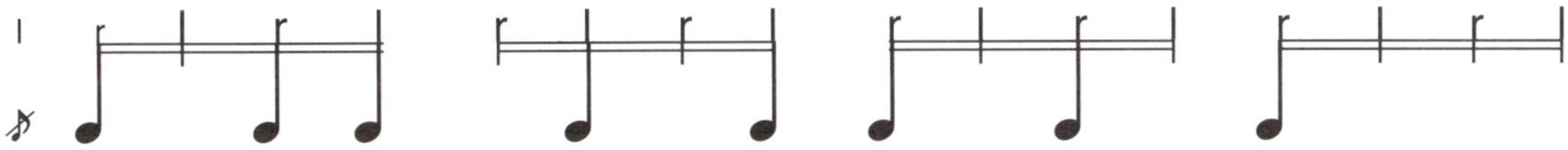

Doundounba:

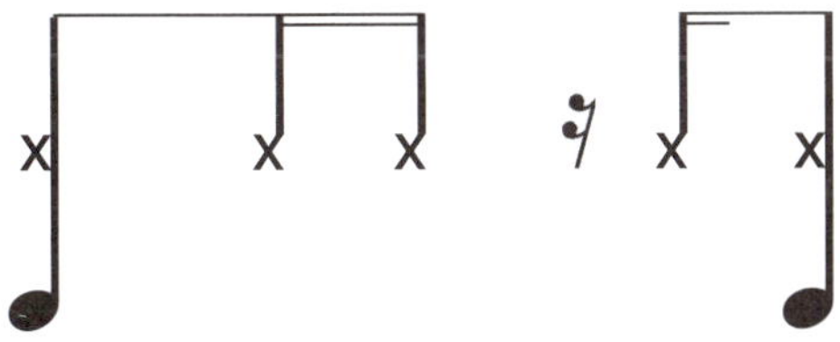

Sangba:

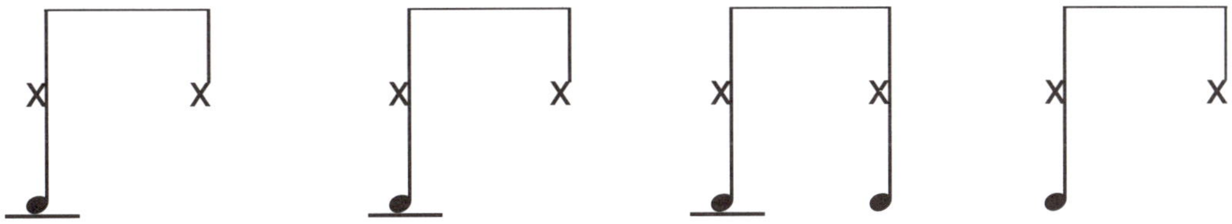

Kenkeni:

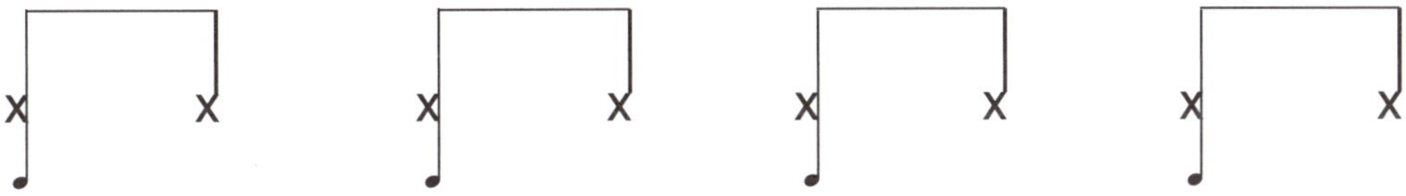

Djolé:

eigentlich ein Maskentanz in Sierra Leone, der mit eckigen Rahmentrommeln (Siko) begleitet wurde. Die Maske wurde von einem Mann getragen, der wie eine Frau verkleidet war. Die Malinké haben den Rhythmus auf die Djembé übertragen. Siehe auch „Singen“ „Wawanco“ S. 31.

4 die einzelnen Stimmen langsam hintereinander

5 Djolé komplett mit Solo und Balafon

15 Djolé mit Lied Wawanco

Djembé 1:

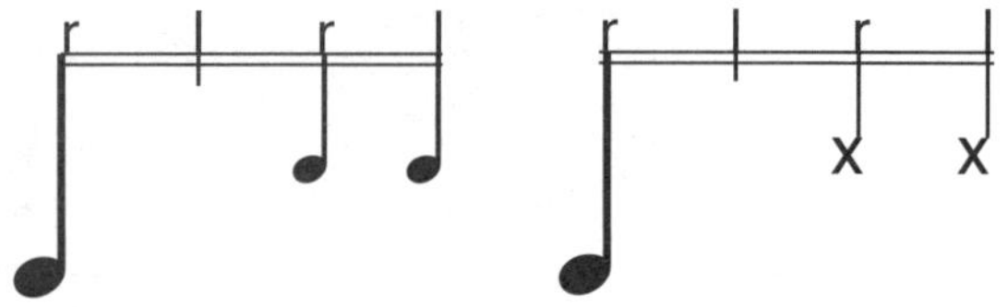

Djembé 2:

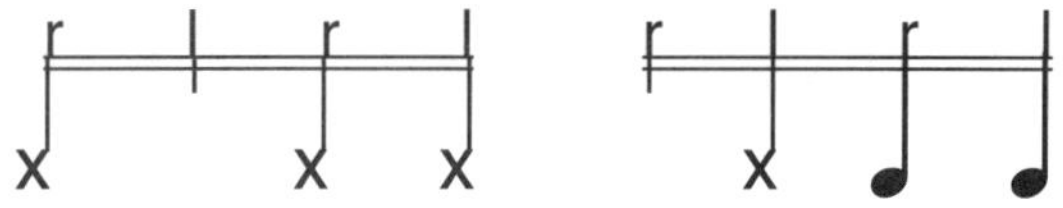

Bloquage:

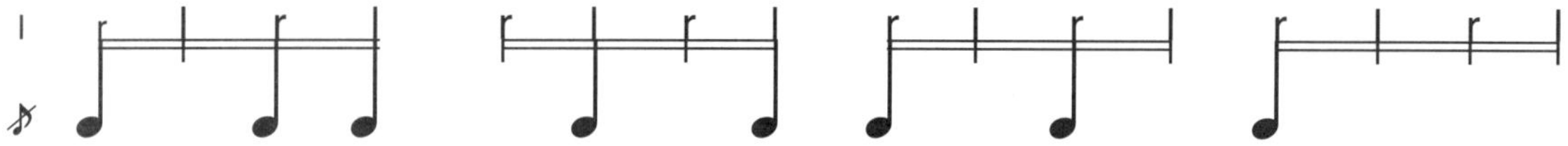

Doundounba:

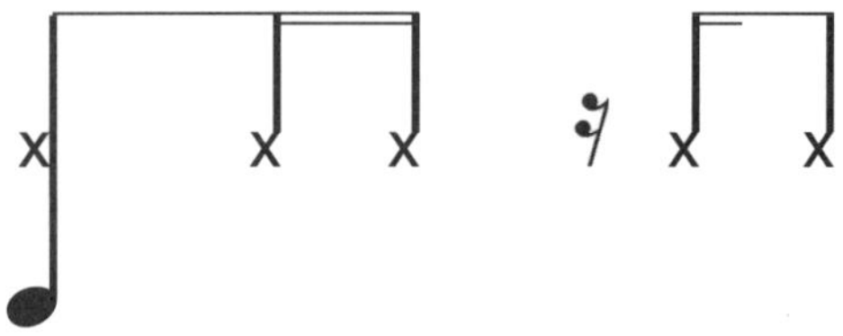

Sangba:

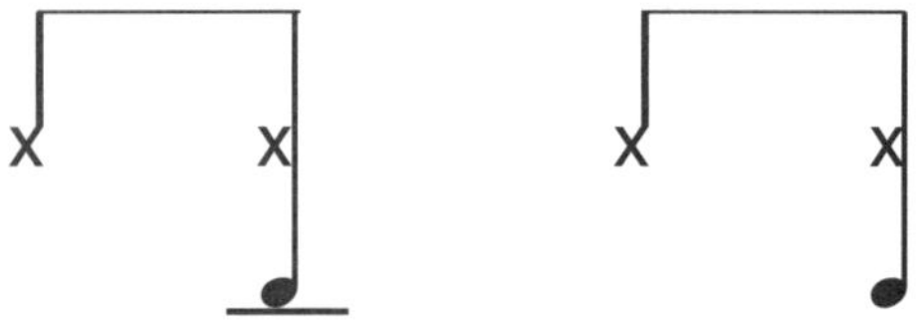

Kenkeni:

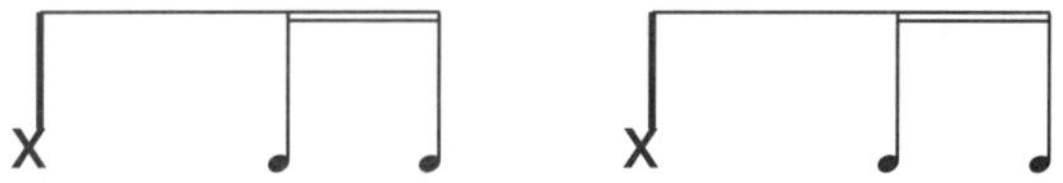

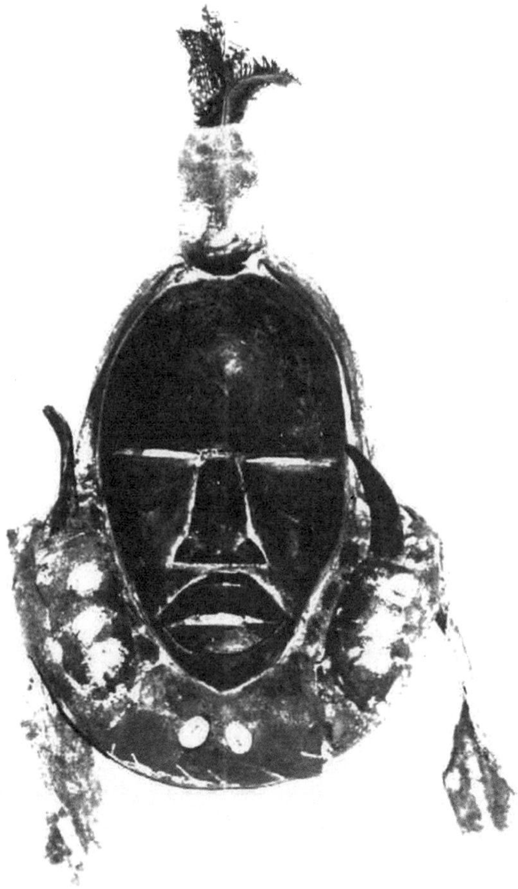

Sofa:
die Sofa sind die berittenen Krieger bei den Malinké.

die einzelnen Stimmen langsam hintereinander

Djolé komplett mit Solo

Djembé 1:

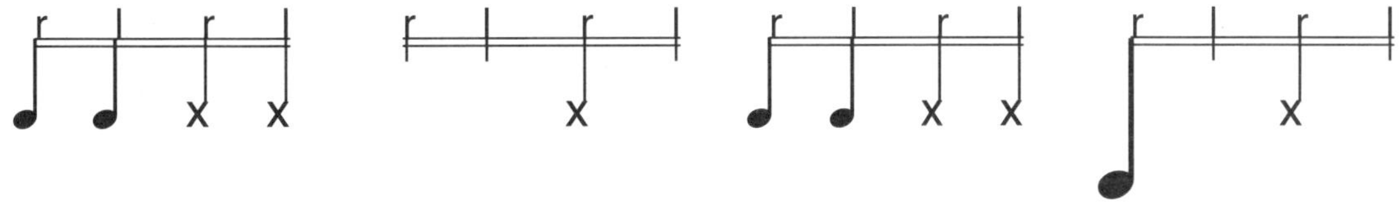

Djembé 2:

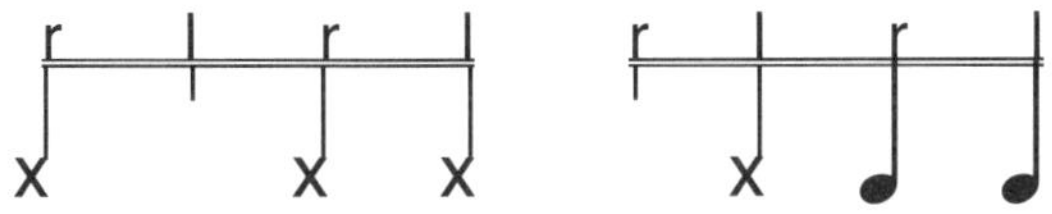

Bloquage:

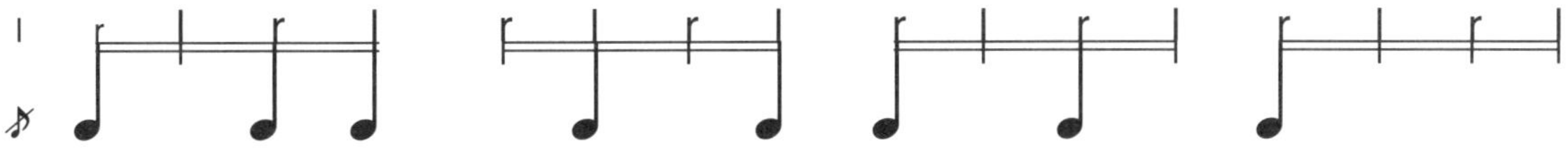

Doundounba:

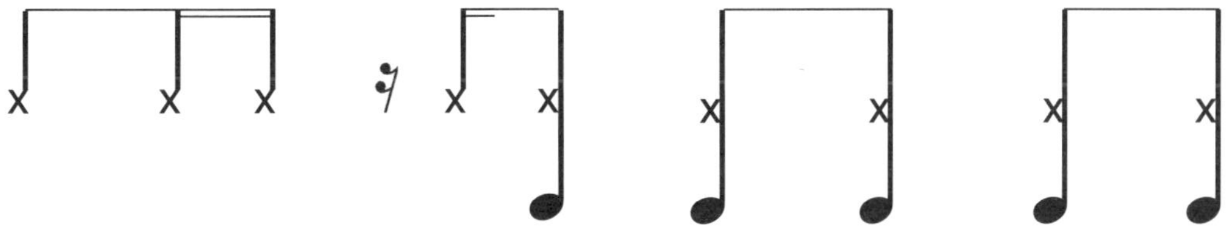

Sangba:

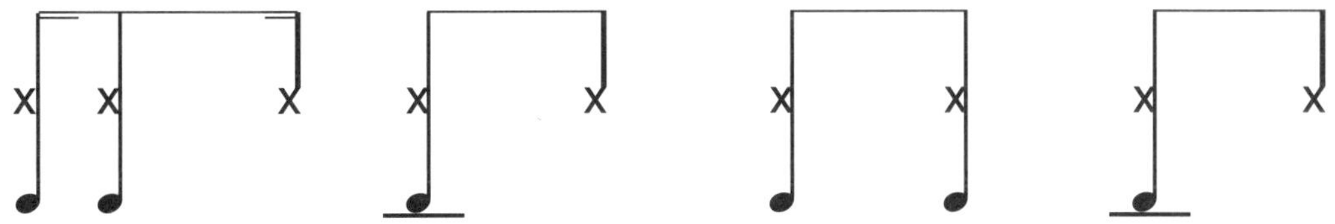

Kenkeni:

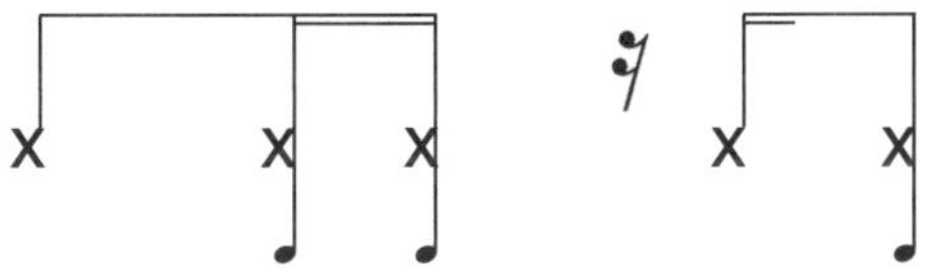

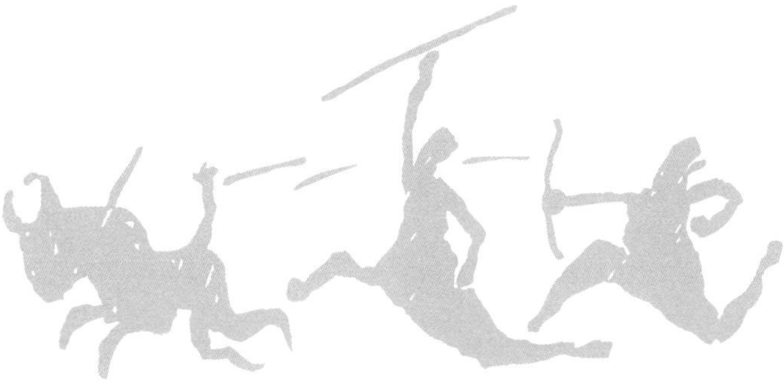

Kuku:

Ein Rhythmus für die Fischer bei den Malinké.

8 die einzelnen Stimmen langsam hintereinander

9 Kuku komplett mit Solo

Djembé 1:

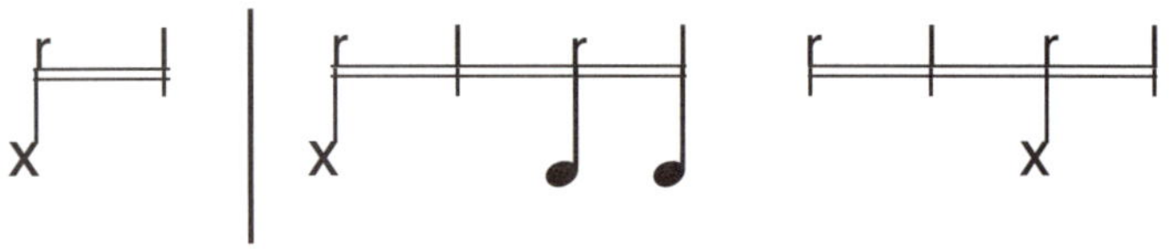

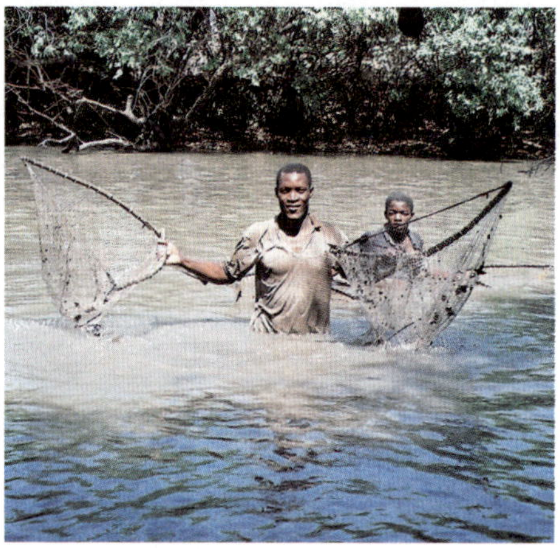

Djembé 2:

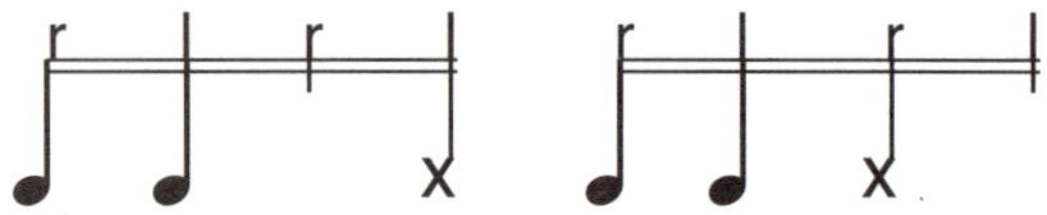

Bloquage:

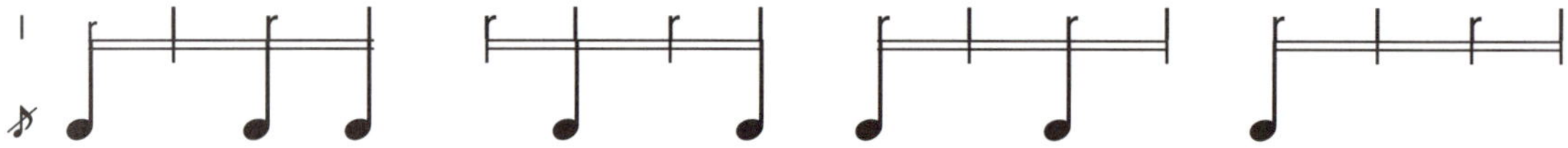

Doundounba:

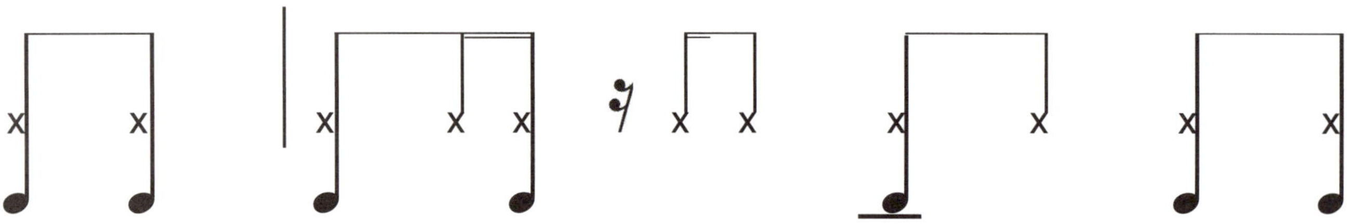

Sangba:

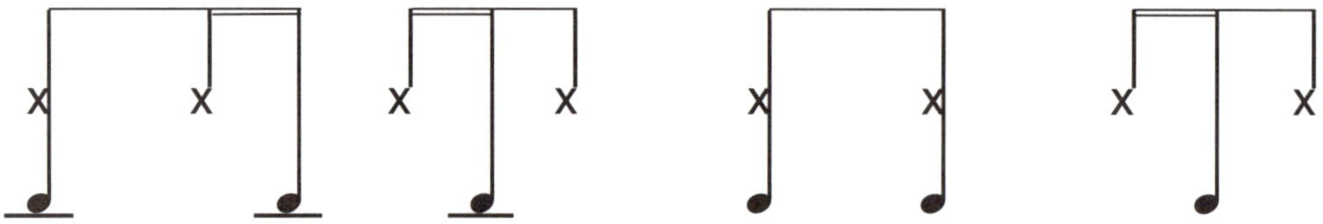

Kenkeni:

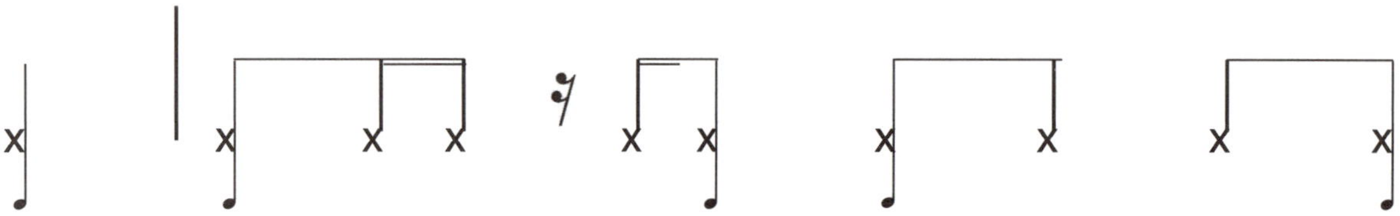

Soli:

Soli hat sich aus einem früheren Initiationsrhythmus zu einem Festrhythmus entwickelt, zu dem häufig schnell und akrobatisch getanzt wird.

10 die einzelnen Stimmen langsam hintereinander

11 Soli komplett mit Solo

Djembé 1:

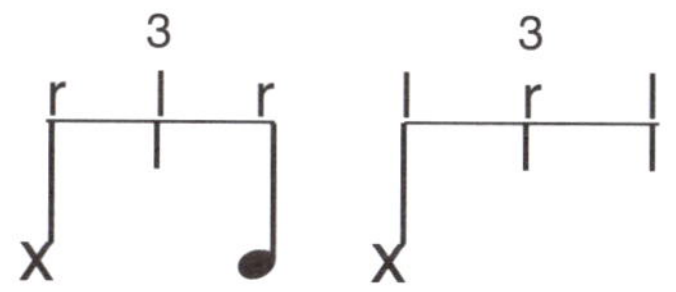

Djembé 2:

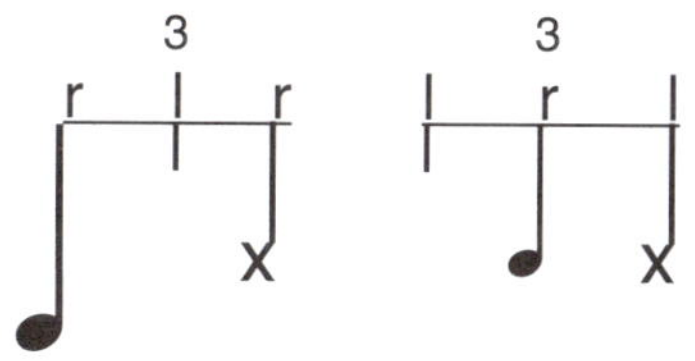

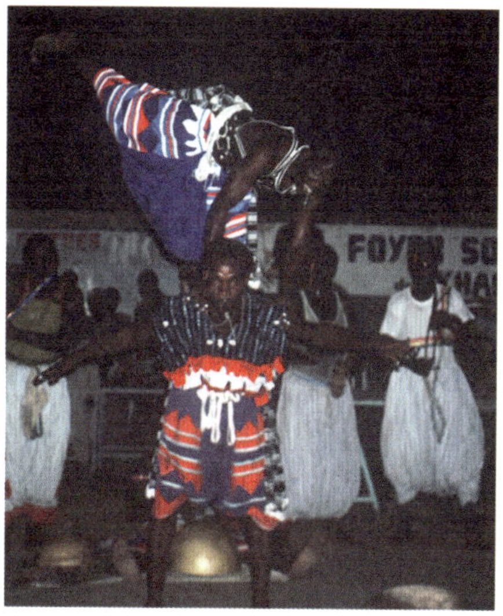

Bloquage:

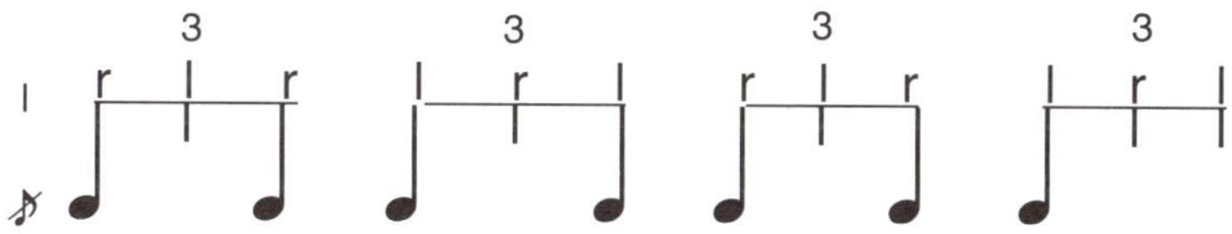

Doundounba:

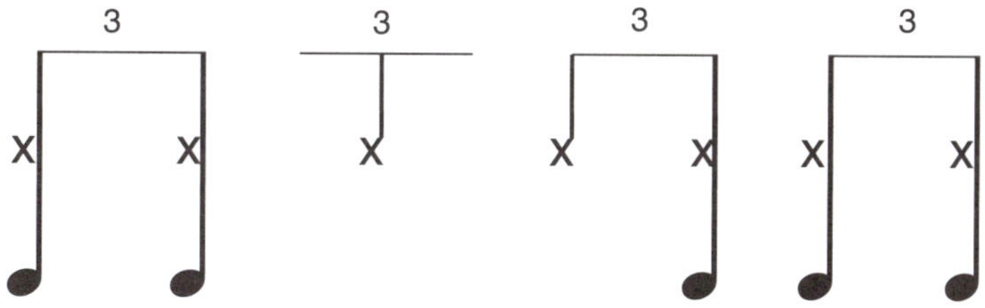

Sangba:

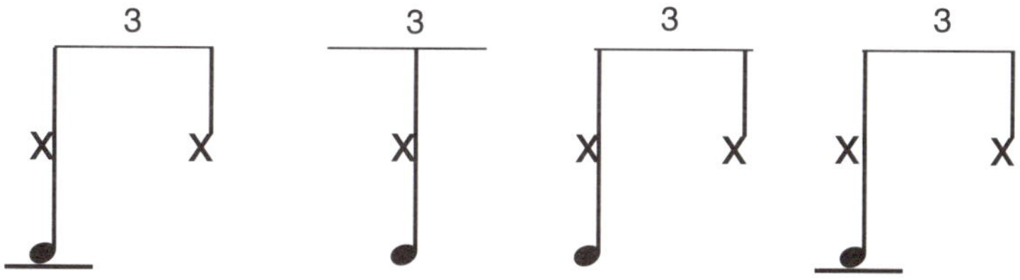

Kenkeni:

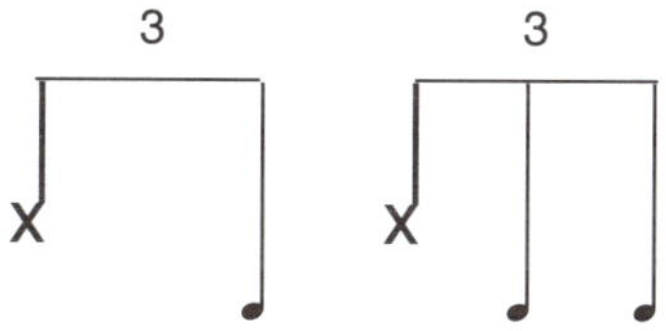

Soko:

12 die einzelnen Stimmen langsam hintereinander

13 Soko komplett mit Solo und Balafon

16 Soko mit Lied Eh Douga

Djembé 1:

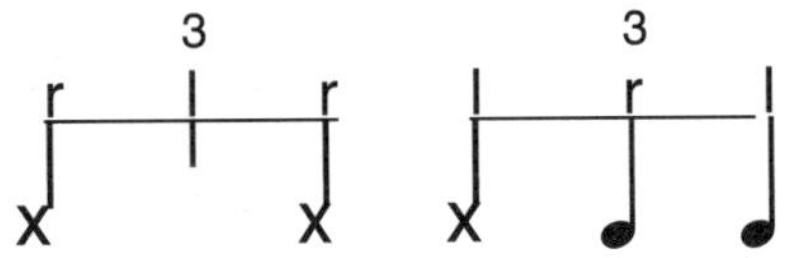

Djembé 2:

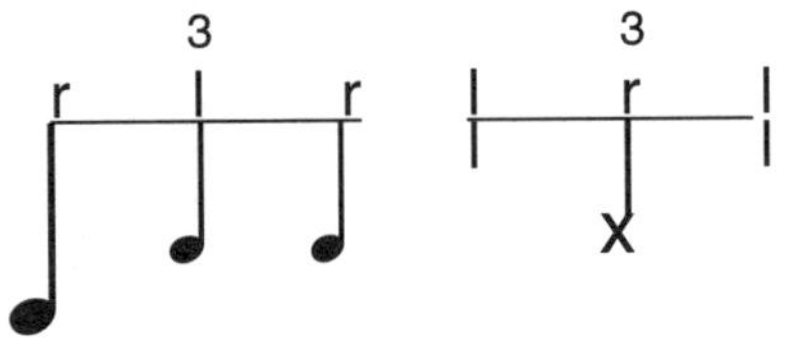

Bloquage:

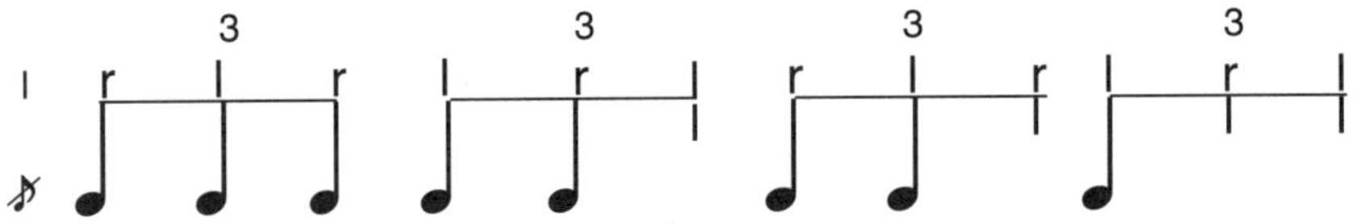

Doundounba:

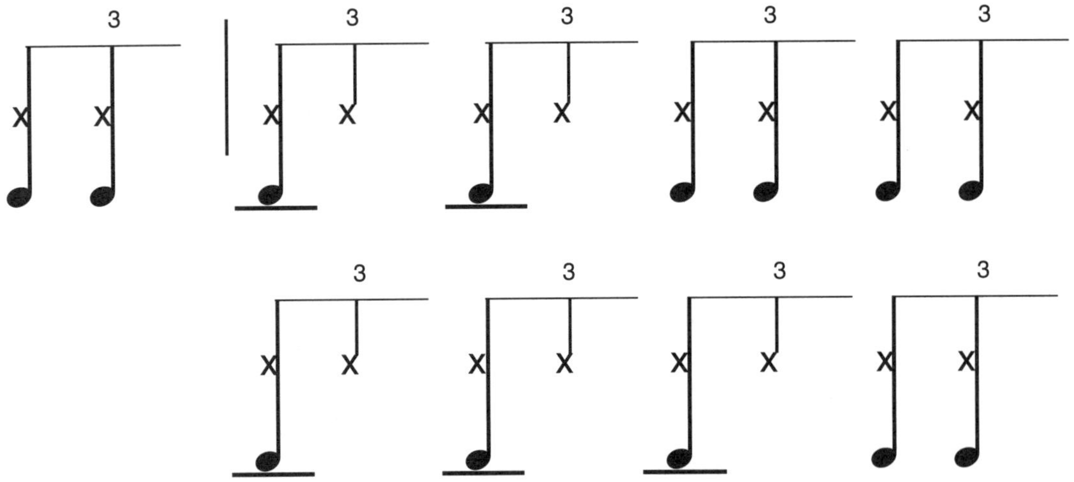

Sangba:

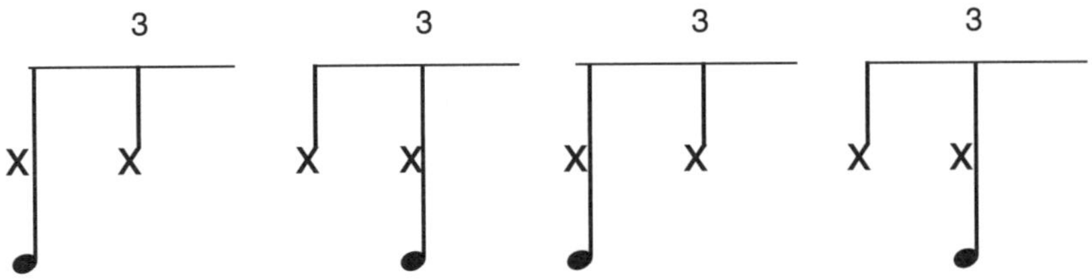

Kenkeni:

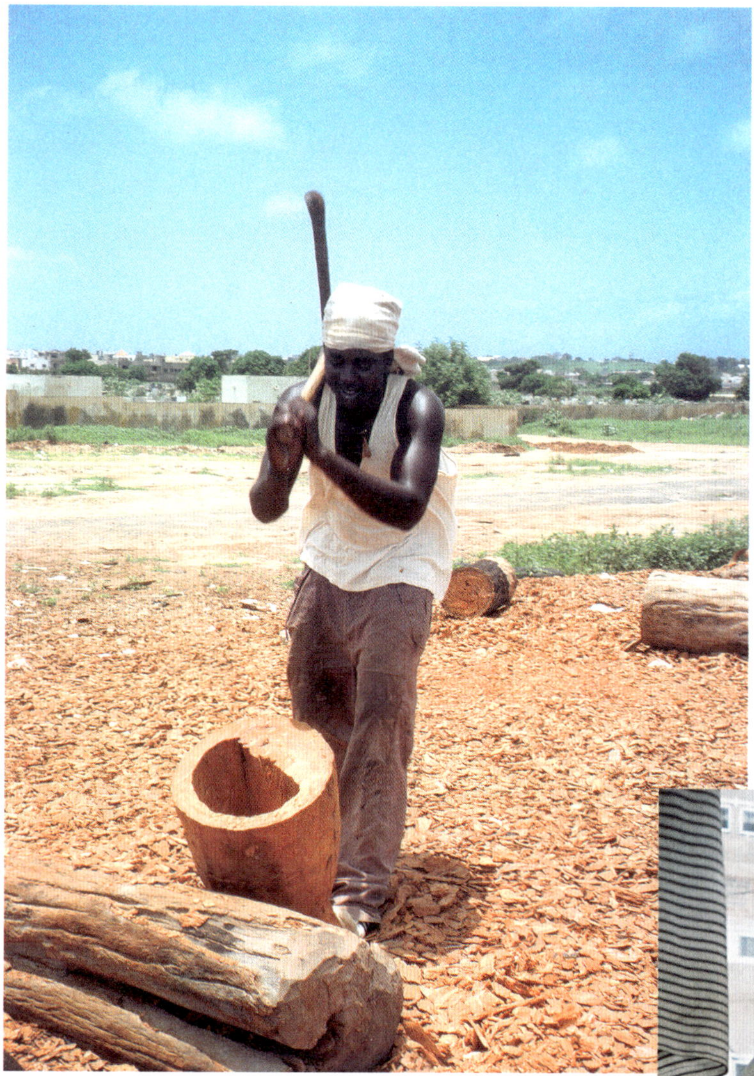

Die Herstellung einer Djembé in Afrika ist aufwendig. Das Aushöhlen des Baumstammes mit Hacken und Beilen dauert etwa einen Tag.

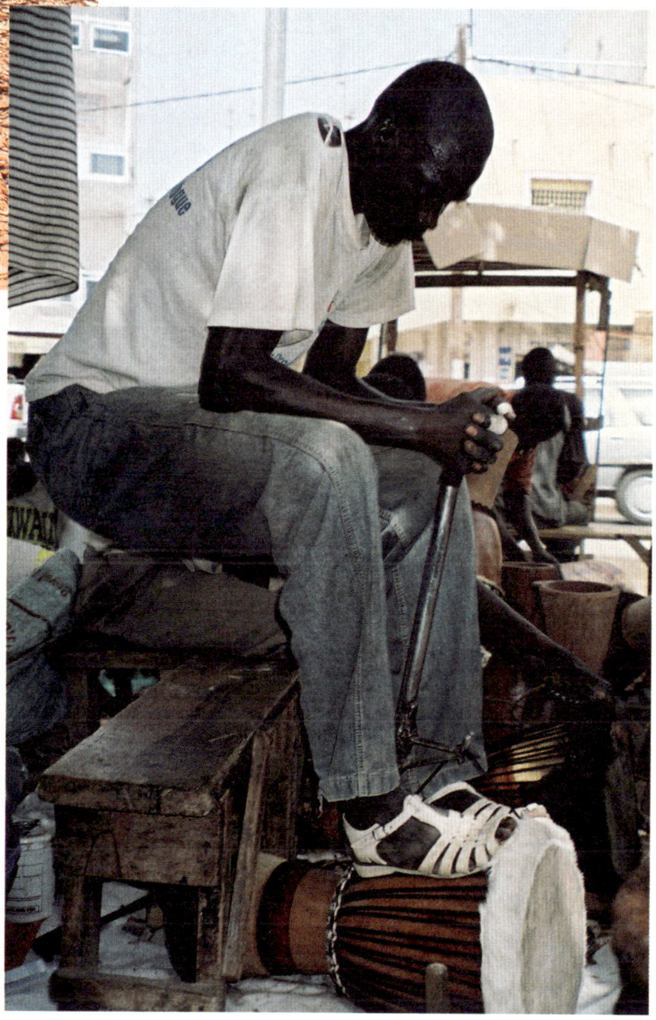

Der Korpus muss mit Stahlringen und der Schnürung versehen werden. Das Aufziehen eines eingeweichten Ziegenfells ist mühsam und braucht Erfahrung. Das getrocknete Fell wird hochgespannt, was nur von den kräftigsten Arbeitern im Djembé-Atelier übernommen wird.

Reimspiel „Bass–Ton–Slap"

Im begleitenden Schülerheft haben wir die Musiknoten durch Symbole ersetzt. Dadurch wird für die Kinder der Zugang zum rhythmischen Notenlesen erleichtert.
Bei den Symbolen haben wir bewusst solche genommen, deren Aussprache lautmalerisch den Schlagarten ähnelt, für die sie stehen. Dass die Wörter einsilbig sind, vereinfacht auch das Vorsprechen der zu spielenden Rhythmen, z. B.: Nuss, Topf, Topf. Nuss, Blatt, Blatt.

Um diese Art der Musiknoten einzuführen, können Sie mit den Kindern das folgende Reimspiel machen.

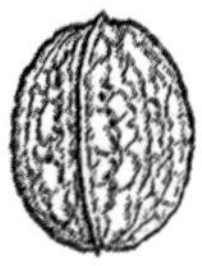

Der Bass ist eine Nuss,
die knack' ich mit Genuss.
Bumm macht's in der Mitte,
und alle schauen zu.
Schon ist es passiert,
Du knackst die Nuss im Nu.

**Refrain: Die Hände dürfen hüpfen,
das Fell, das schwingt und klingt,
keiner bleibt mehr sitzen,
da tanzen wir bestimmt.**

Der Ton, das ist der Topf,
mit Deckel auf dem Kopf.
Die Hände sind am Rand
und warten ganz gespannt.
„Toktok" klopft es, der Ton ist da,
am Rand gespielt klingt's wunderbar.
Vom Topf den Deckel schnell mach zu
und schließ' die Finger ganz im Nu.

**Refrain: Die Hände dürfen hüpfen,
das Fell, das schwingt und klingt,
keiner bleibt mehr sitzen,
da klatschen wir bestimmt.**

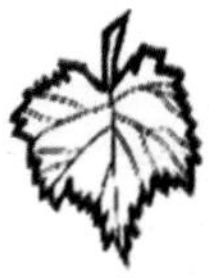

Der Slap, der ist das Blatt,
da krabbelt Raupe Nimmersatt.
Die Hände sind am Rand,
die Finger außer Rand und Band.
Beim Slap brauchst du die Fingerspitzen,
die ganz kurz das Fell mal kitzeln.
Sie hüpfen wie von Zauberhand
rauf und runter, ganz am Rand.

**Refrain: Die Hände dürfen hüpfen,
das Fell, das schwingt und klingt,
keiner bleibt mehr sitzen,
da stampfen wir bestimmt.**

Reimspiel mit Gesten „Was kommt aus Afrika?"

Im begleitenden Schülerheft gibt es für die Kinder eine Karte und Übungen zu den wichtigsten Produkten, die aus Afrika kommen.

1. Im fernen Afrika (Stirn wischen),
da brennt die Sonne heiß (Hand am Himmel als Sonne).
Dort wächst an manchem Busch und Strauch
die Wolle weich und weiß (Wange streicheln).

2. Um Afrika herum (Kontinent mit Händen zeichnen)
ist Wasser groß und weit (Wellenbewegung).
Da schimmern schon seit langer Zeit
Gold und Kupfer weit und breit (Münzbewegung mit der Hand).

3. Im Dschungel Afrikas
der Löwe faucht und brüllt (Krallenbewegung Hände),
der Affe springt von Ast zu Ast (Affe mit Händen unter den Armen),
und mancher hier nach Diamanten wühlt (Grabe-Bewegung).

4. Die Wüste heiß und voller Sand (Finger tippen in der Luft),
wo in der Nacht wird's bitterkalt (Frier-Bewegung),
so mancher sucht nach schwarzem Gold,
dem Öl, wie es bei uns genannt (Ölkanne ausgießen).

5. Im Hochland von Ostafrika (nach oben schauen mit Hand vor Augen)
gibt es Kaffee wunderbar (Trink-Bewegung).
Und aus den Bohnen von 'ner Frucht (mit Händen kl. Frucht formen)
gibt's ein Getränk, das ist 'ne Wucht (Trink-Bewegung).
Es ist ganz süß und gar nicht fade (Hurra!),
ja, das ist die Schokolade (Ess- oder Trink-Bewegung machen).

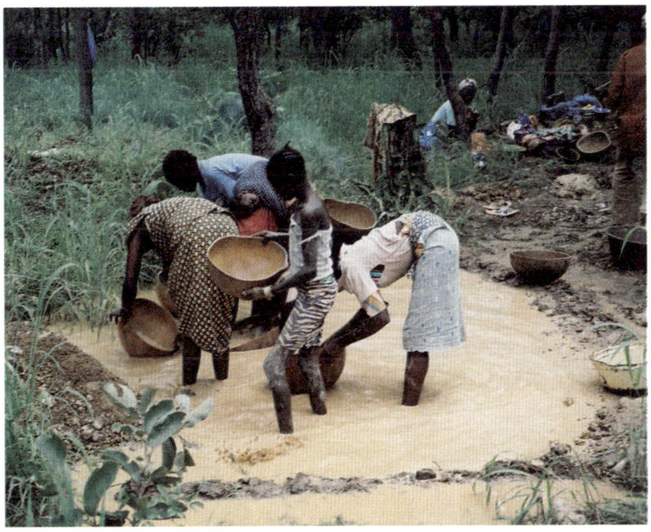

Goldsuche in Mali, das Gold schafft es nicht auf den Weltmarkt.

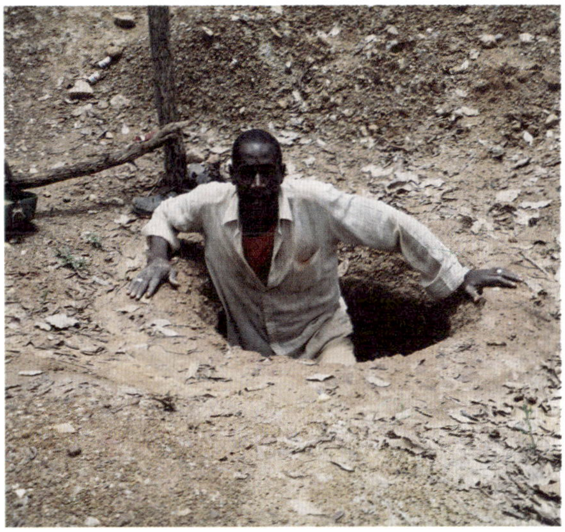

Die Suche in bis zu 15 m tiefen Löchern ist besonders in der Regenzeit sehr gefährlich.

Singen in Afrika

In Westafrika wird immer im Wechsel zwischen „Vorsänger" und „Chor" gesungen. Dementsprechend haben wir hier „Vorsänger" und „Chor" notiert.
Die Kinder können dazu den Beat laufen und klatschen halbe Noten („eins" und „drei"). So klatscht man dazu in Afrika auch (nicht wie fälschlicherweise oft angenommen auf „zwei" und „vier").

Die hier aufgelisteten Lieder haben sich in der Praxis bewährt. Der Erfahrung nach tun sich besonders schüchterne Kinder leichter, in einer fremden Sprache zu singen.

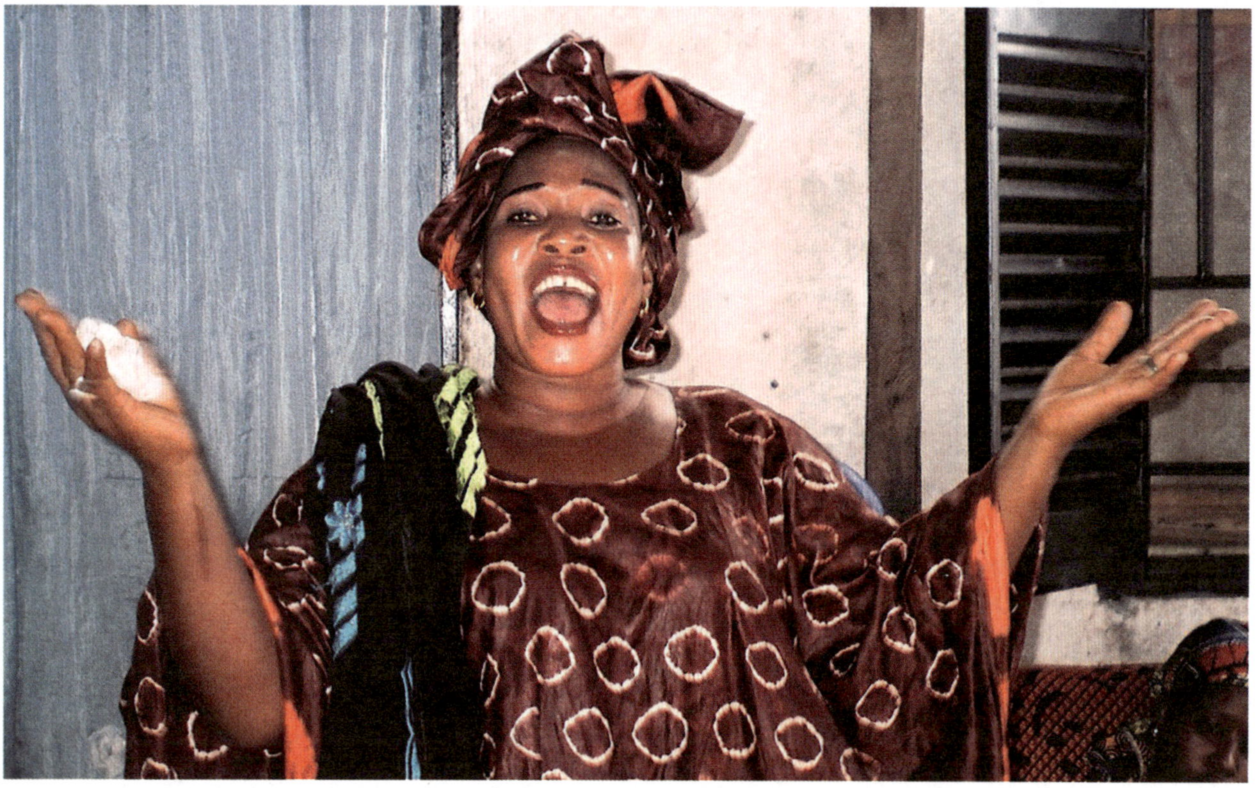

Die Aussprache ist so, wie es geschrieben steht (man beachte: „j" ist stets wie in „Jäger", nicht wie in „Jeans"). Die Accents sollen bei der richtigen Betonung helfen.

Balakulania

Vorsänger: **„Bàlakulanià dena fesà"**
Chor: **„keme ta jesson denna"**
Vorsänger: **„i bà keme ke denkele sonko di,**
keme ma denson kobo."

<u>Sprache:</u> Malinké (Mali und Guinea)
<u>Übersetzung:</u> Balakulania = ein Vogel, der am Meer lebt.
„Kinder sind wichtig. Nimm 100 Francs und gib mir das Kind.
100 Francs sind zu wenig, ein Kind ist viel mehr wert."

15 Wawanko

(Hier ist das „W" so auszusprechen wie in „water").

Vorsänger:	**„Wawankò, siko laikò"**
Chor:	**„Wawankò siko laikò"**
Vorsänger:	**„La laikò, k(o)robe, k(o)robe, k(o)robe, Mami watulé"**
Chor:	**„Aia"**
Vorsänger:	**„Siko la laikò"**
Chor:	**„Aia"**
Vorsänger:	**„Siko laikò, siko laikò"**
Chor:	**„Wawankò, siko laikò"**
Vorsänger:	**„La laiko, nna, siko laikò"**
Chor:	**„Wawankò, siko laikò"**

Ein Lied von Meistertrommler Mamady Kéita zum Rhythmus „Djolé"

Sprache: Susu (Guinea)
Übersetzung: „Die Trommler versammeln sich zum Feiern, Mamady geht hin, sie zu treffen, um die Siko-Trommel zu feiern. Lasst uns unsere Siko-Trommeln spielen, lasst uns das Siko-Fest beginnen."

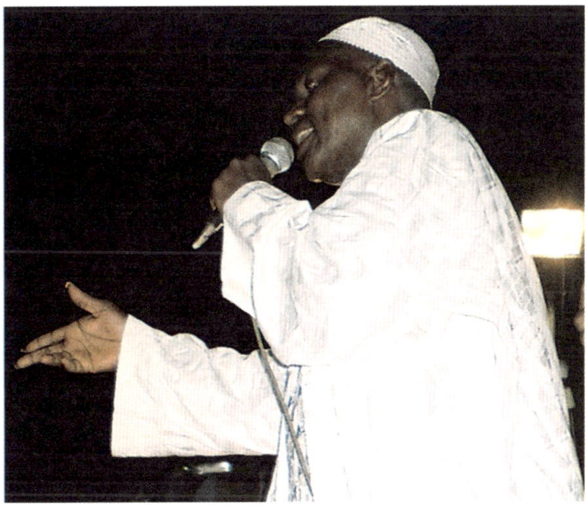

16 Eh Douga

(gesprochen: Eh duga; hier ist das „s" scharf zu sprechen):

Vorsänger:	**„Eh dugá, oh dugá, mokana dugá so so, sangamani sabarì.**
Chor:	**Sangamani je, sangamani wo, mokana dugá so so, sangamani sabari."**

Sprache: Mandingue (Senegal)
Übersetzung: „Oh König, oh König, kein Mensch kann an den Worten des Königs zweifeln."

17

I Banilé

Afrikanisches Traditional
Bearbeitung: Ursula Branscheid-Kouyaté

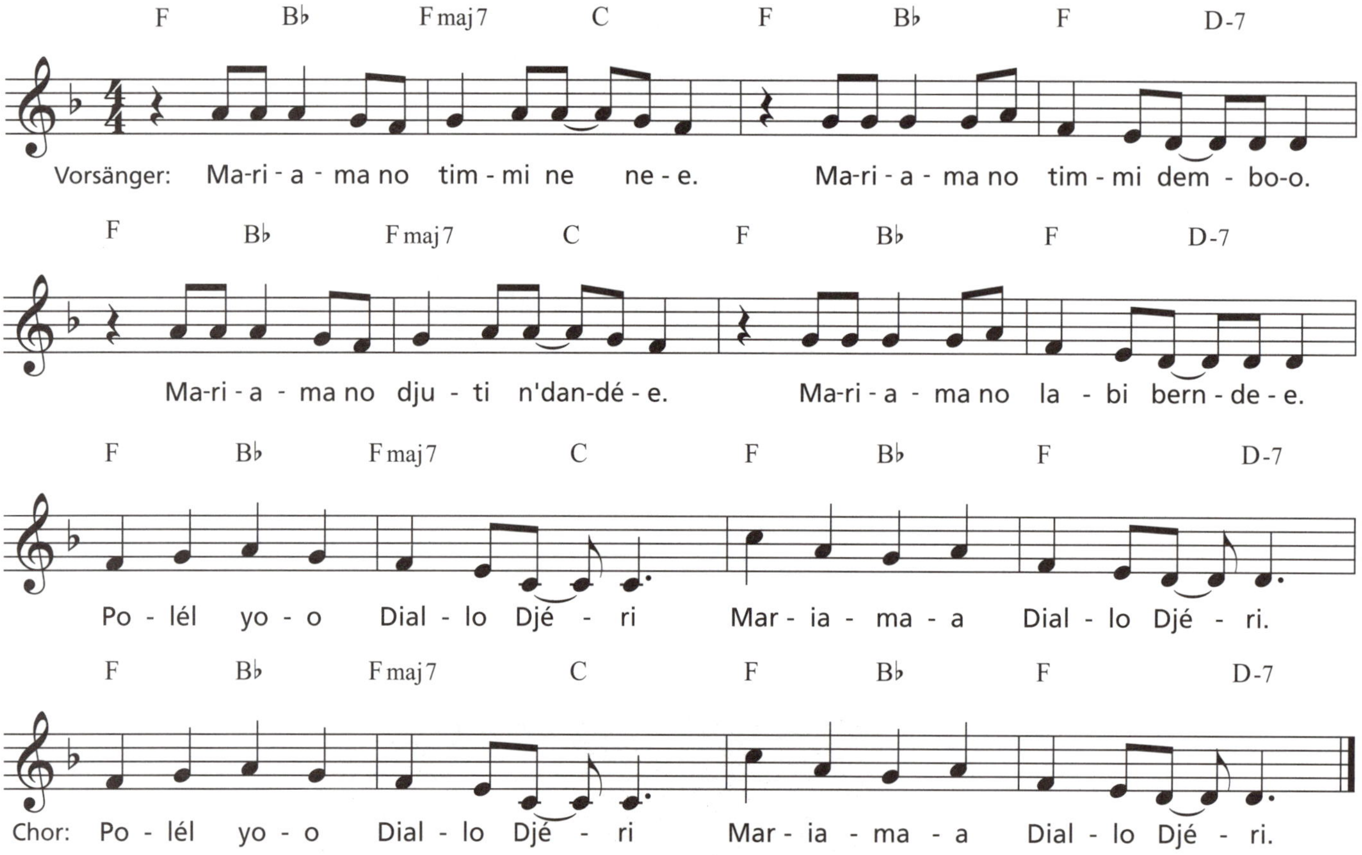

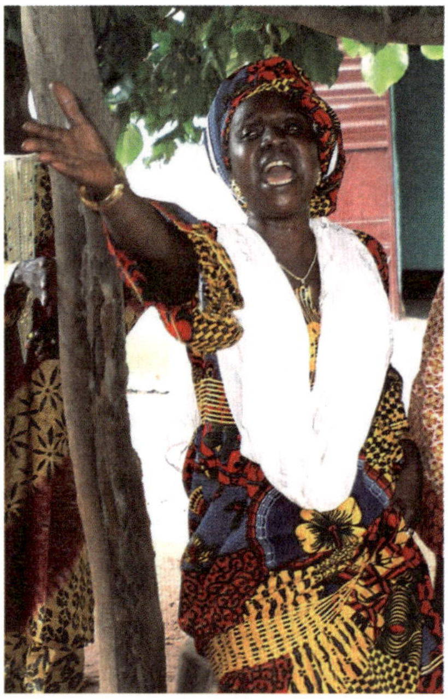

2. Strophe

Vorsänger: **„Mariama no modji m'badi,**
Mariama no djuti ndandé,
Mariama no yodi moso,
Mariama no jonilang néné.
Polél yo Diallo Djéri,
Mariama Diallo Djéri."
Chor: **„Polél yo Diallo Djéri,**
Mariama Diallo Djéri."

Sprache: Peulh (Nomaden-Volk in ganz Westafrika)
Übersetzung: Polél = Frauenname, Diallo = Nachname, Djéri = ein Familienzweig. Mariama = Frauenname

„Mariama ist eine gute Mutter, Mariama ist eine gute Frau,
Mariama, jeder mag sie, Mariama hat ein gutes Herz."
Polél Diallo Djéri ...
„Mariama ist schön, Mariama hat einen langen Hals,
Mariama hat ein schönes Lächeln, Mariama ist mir eine gute Mutter."

Oder probieren Sie einfach den deutschen Text auf das Mädchen Mariama oder ein anderes Kind in der Klasse (Name sollte 4 Silben haben) mit ihrem/seinem Herkunftsland:

Vorsänger: **„Mariama kommt aus Afrika,**
Mariama kommt von weit her,
Mariama geht in die Schule,
Mariama lernt immer mehr.
Mariama ist jetzt bei uns,
Mariama gehört zu uns."
Chor: **„Mariama ist jetzt bei uns,**
Mariama gehört zu uns."
Vorsänger: **„Mariama lernt deutsch zu sprechen,**
Mariama spricht schon ganz gut,
Mariama ist uns're Freundin,
Mariama, die macht uns Mut.
Mariama ist jetzt bei uns,
Mariama gehört zu uns."
Chor: **„Mariama ist jetzt bei uns,**
Mariama gehört zu uns."

Durch die Verwendung der Kora waren wir an die Tonart F gebunden. Durch Verwendung von einem Kapodaster im 1. Bund können Sie mit der Gitarre auch folgende Harmonien spielen:

E A	Emaj7 H	E A	E C#m7

Durch Verwendung eines Kapodasters in Bund 3 können Sie folgende Harmonien spielen:

D G	Dmaj7 A	D G	D Hm7

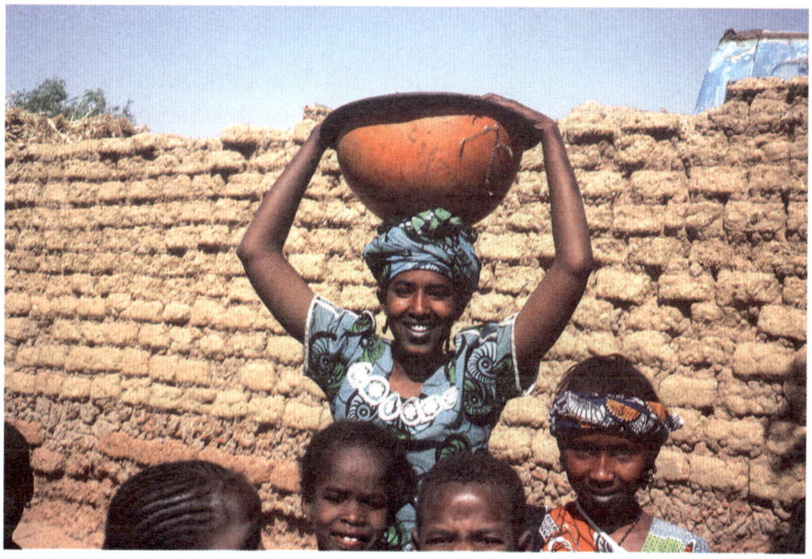

Peulh-Frau in Mali

18

Miniam'ba

Afrikanisches Traditional
Bearbeitung: Ursula Branscheid-Kouyaté

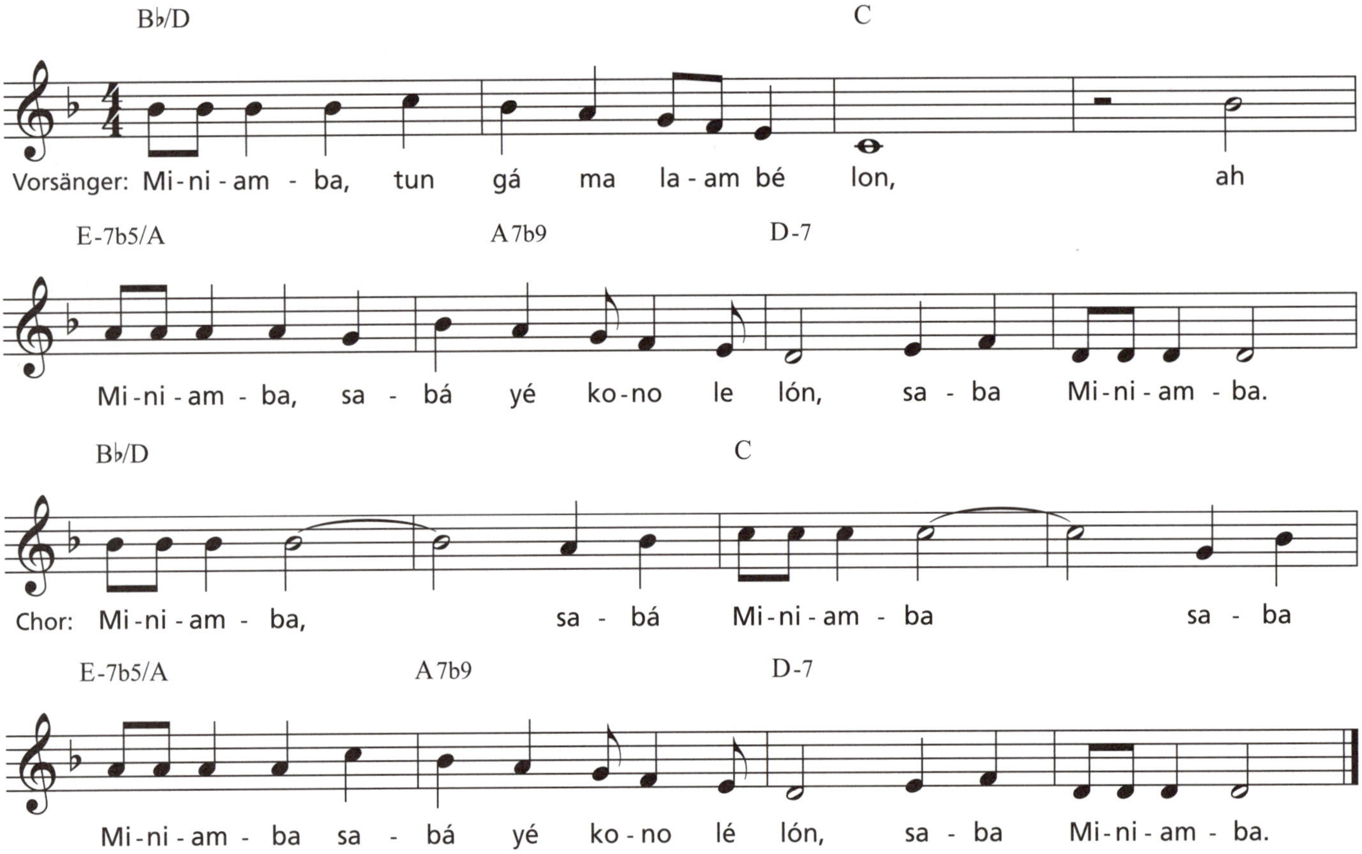

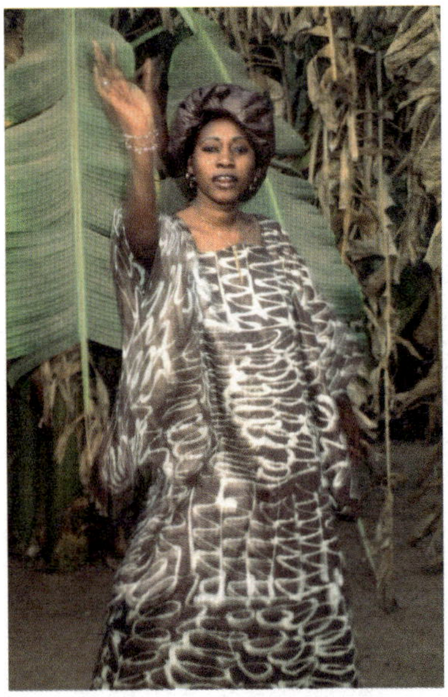

Sprache: Mandingue (Senegal)
Übersetzung: Miniam'ba = große Schlange Python.
Die große Schlange will nur einen vollen Magen. Sie ist wie ein Abenteurer, der aber nicht automatisch auch ein Wissender (Eingeweihter) sein muss.

Durch die Verwendung der Kora waren wir an die Tonart F gebunden. Durch Verwendung von einem Kapodaster in Bund 1 können Sie mit der Gitarre auch folgende Harmonien spielen:

A / C#	⁒	H	⁒
D#m7 b5 / G#	H7b9	C#m7	⁒

Mit einem Kapodaster auf Bund 3 können Sie folgende Harmonien spielen:

G / H	⁒	A	⁒
C#m7 b5 / F#	A7b9	Hm7	⁒

19

Kélémagni

gesprochen Kelemáni

Afrikanisches Traditional
Bearbeitung: Ursula Branscheid-Kouyaté

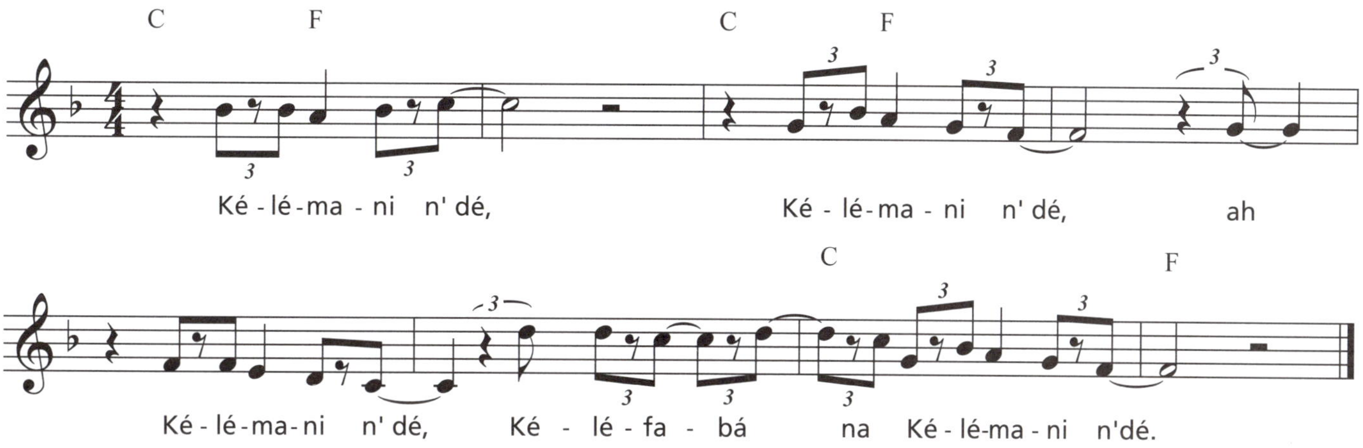

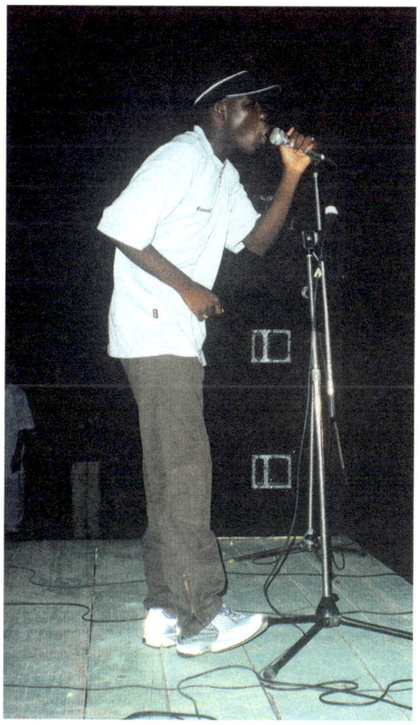

2. Strophe:

Vorsänger: **„Mindalo bantà, Mindalo bantà, ah Mindalo bantà, Kelefabà na Mindalo bantà."**

Chor: **s.o.**

3. Strophe:

Vorsänger: **„Manja bi donna, manja bi donna, ah manja bi donna, sasa djalla, manja bi donna."**

Chor: **s.o.**

<u>Sprache:</u> Mandingue (Senegal)
<u>Übersetzung:</u> Der Krieg ist nicht gut, der Krieg ist nicht gut, der Krieg von Kéléfaba ist nicht gut.
Das Leben ist vorbei, das Leben ist vorbei, das Leben von Kéléfaba ist vorbei (Kéléfaba Sané war ein großer Krieger im 18. Jh.).

Wissen vermitteln durch Singen

1. Länder-Spiel mit „Mamadou in Afrika".

Hier lernen die Kinder die Länder in Westafrika kennen, in denen die Djembé gespielt wird, und deren Hauptstädte.
Die Faltkarte im hinteren Umschlag können Sie vor der Klasse / Gruppe aufhängen und an der jeweiligen Stelle im Lied die Kinder auf das entsprechende Land / Hauptstadt zeigen lassen.

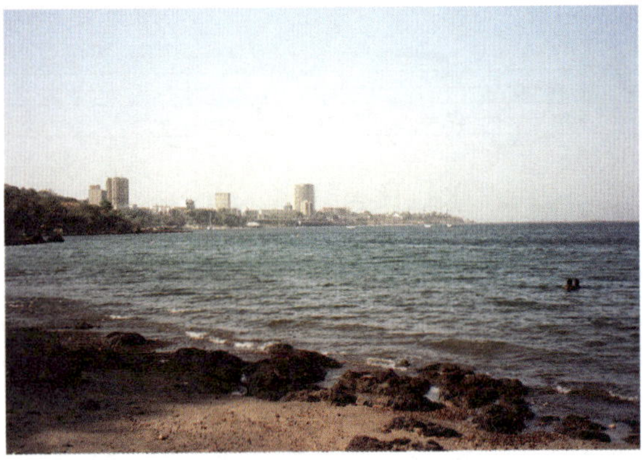

Dakar liegt auf der Halbinsel Cabo Verde und ragt wie ein dreieckiger Zipfel ins Meer. Es ist der westlichste Punkt des kontinentalen Afrikas.

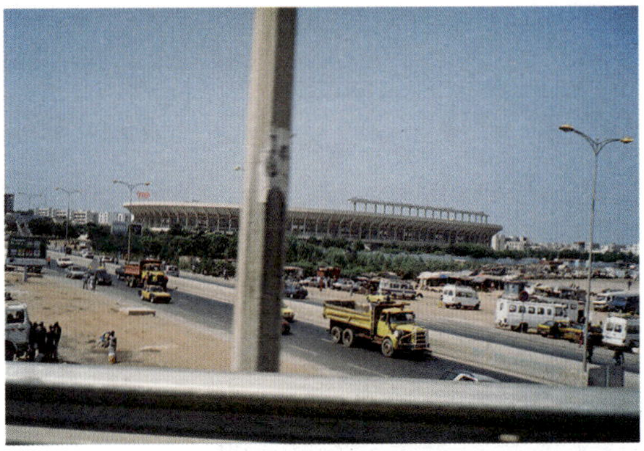

Dakar ist eine riesige afrikanische Metropole mit ca. 3,5 Mio. Einwohnern, 2 Fußballstadien und großen Kliniken und Banken.

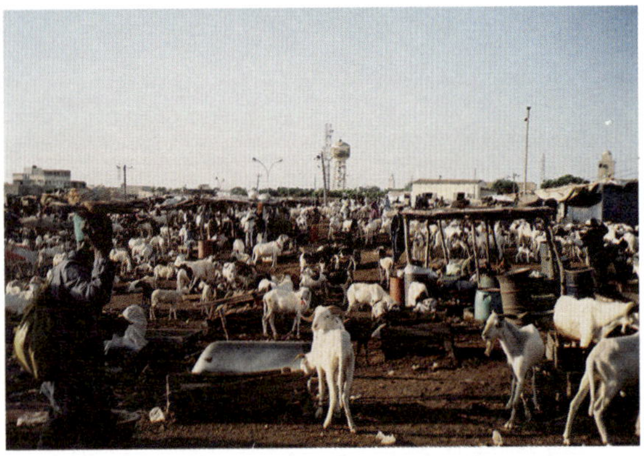

Dakar, Stadtteil Sérasse, ein Viertel, in dem nur Vieh gehalten wird. Hierher kommen die Felle für die Trommeln.

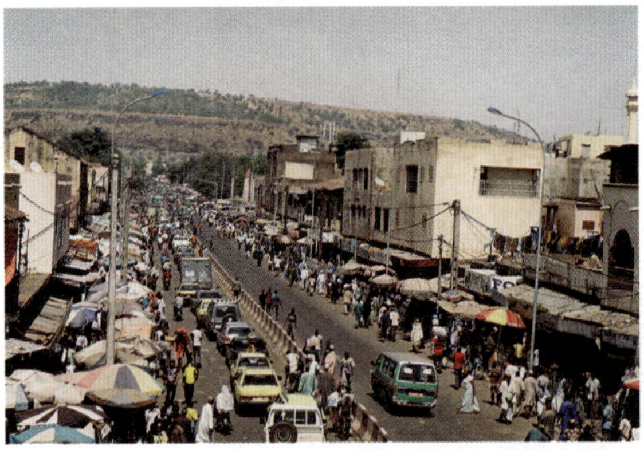

Bamako, Innenstadt, Blick auf den großen Markt, im Hintergrund die Ausläufer der Manding-Berge

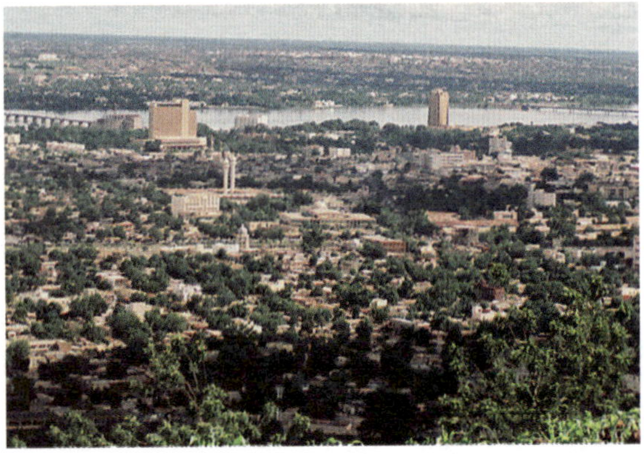

Bamako (2 Mio. Einw.) hat 2 große Brücken über den Niger sowie eine Uni und div. Groß-Banken.

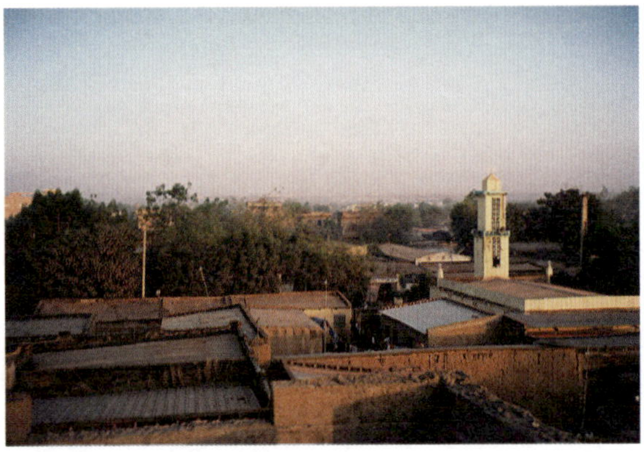

Bamako, Stadtteil Djicoroni para

Mamadou in Afrika

Melodie: Old Mac Donald had a farm

Englisches Traditional
Text: Ursula Branscheid-Kouyaté

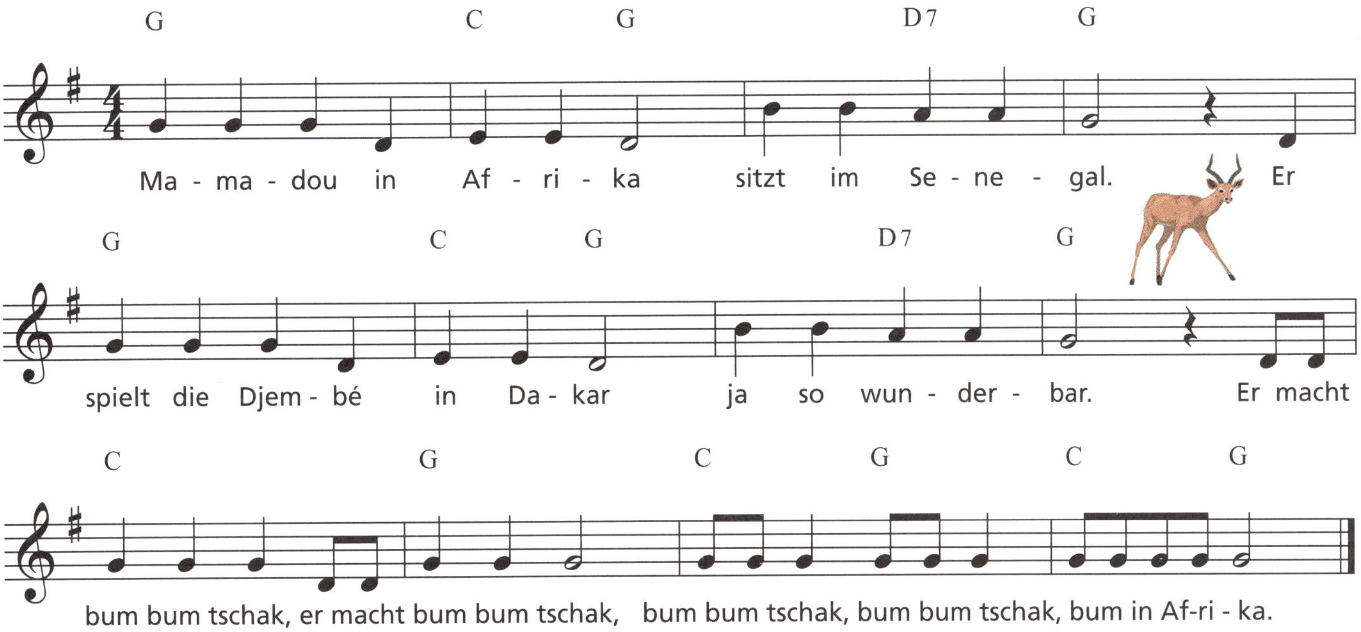

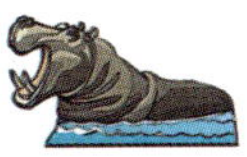

2. Mamadou in Afrika sitzt in Gambia, er
spielt die Djembé in Banjul, ja so wirklich cool.
Er macht bum bum tschak, er macht bum bum tschak,
bum bum tschak, bum bum tschak, tschak in Afrika.

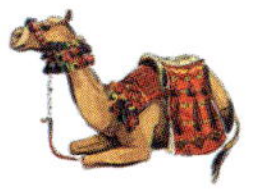

3. Mamadou in Afrika, der sitzt in Mali, er
spielt Kora in Bamako, ja so wirklich toll.
Er macht ding ding hier, er macht ding ding da,
ding ding hier, ding ding da, ding in Afrika.

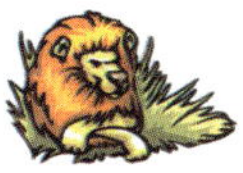

4. Mamadou in Afrika sitzt in Guinea, er
spielt Balafon in Conakry, ja so toll wie nie.
Er macht klong klong hier, er macht klong klong da,
klong klong hier und klong klong da, klong in Afrika.

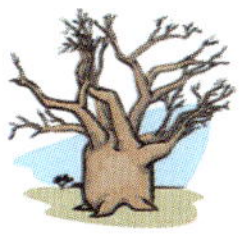

5. Mamadou in Afrika, sitzt in Burkina, er
spielt Doundoun in Wagadu, grad' so gut wie Du.
Er macht bum bum hier, er macht bum bum da,
bum bum hier und bum bum da, bum in Afrika.

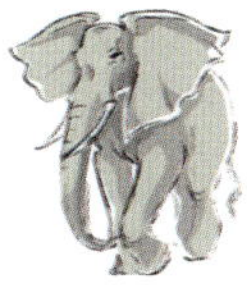

6. Mamadou in Afrika sitzt in der Elfenbeinküste, er
tanzt so schön in Abidjan, weil er's so gut kann,
er macht tap tap hier, er macht tap tap da,
tap tap hier und tap tap da, tap in Afrika.

Die Karte zum Lied finden Sie in der hinteren Umschlagklappe.

20

In Ägypten

Melodie: Bruder Jakob

Französisches Traditional
Text: Ursula Branscheid-Kouyaté

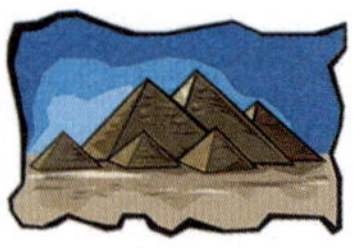

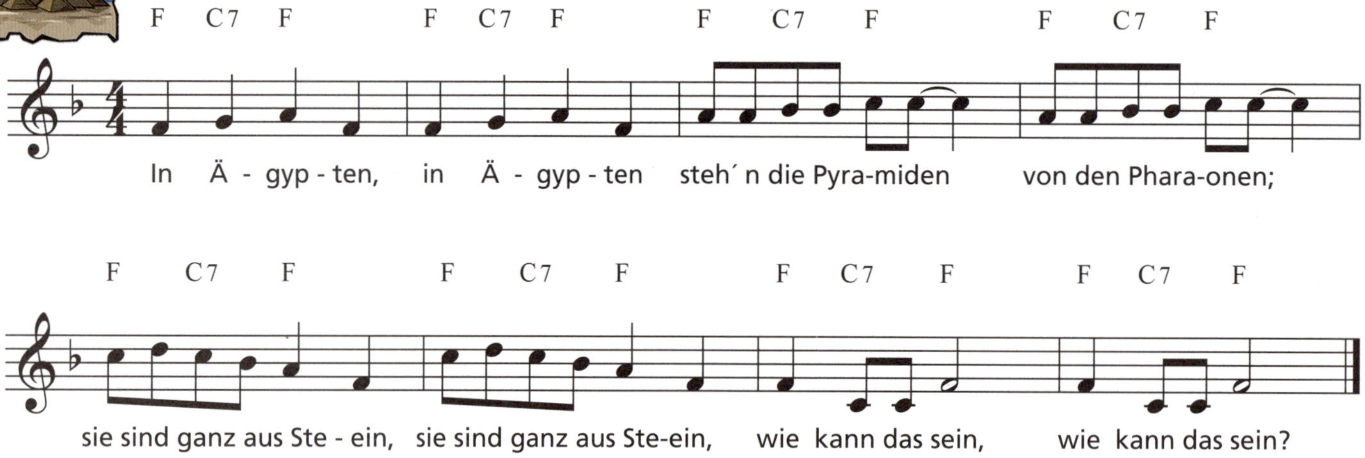

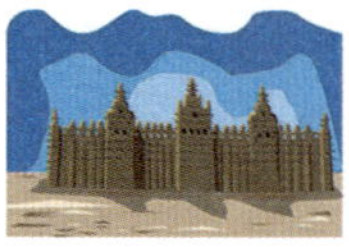

2. Im Land Mali, im Land Mali,
steh'n die Lehm-Moscheen, von den alten Herrschern,
sie sind ganz aus Lehm, sie sind ganz aus Lehm,
wie kann das geh'n, wie kann das geh'n?

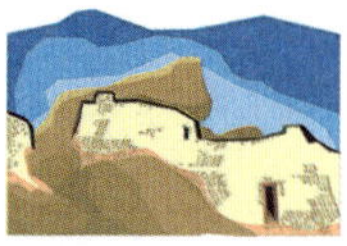

3. In Simbabwe, in Simbabwe,
steh'n die Stein-Ruinen, Häuser ganz aus Stein,
wie hält das zusammen, wie hält das zusammen,
ohne Leim, ohne Leim?

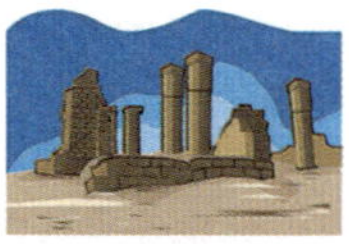

4. Im Sudan, im Sudan,
sind die Tempelreste, von 'nem alten Gott
sie sind ganz, ganz alt, so alt wie die Bibel,
mehr als nur Stein, Stein und Schrott.

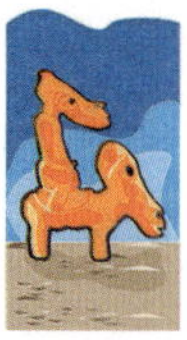

5. In Nigeria, in Nigeria,
sind Figuren groß, ganz ganz groß,
sie sind ganz aus Ton, heiß gebranntem Ton,
vor dreitausend Jahren – konnten die das schon.

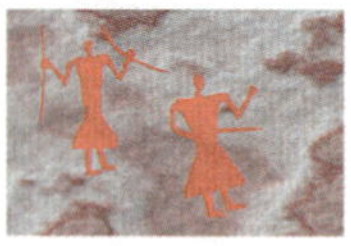

6. In Libyen, in Libyen,
sind ganz alte Bilder, auf den Fels gemalt,
vor zehntausend Jahren, vor zehntausend Jahren,
wieso hält das noch? Das ist doch so alt.

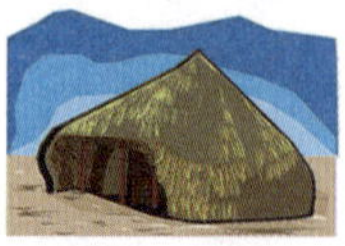

7. In Uganda, in Uganda,
lebte einst ein König, vor zweihundert Jahren,
in einem Palast, in einem Palast,
ganz aus Schilfgras, wie hält das?

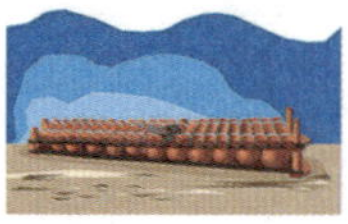

8. In Guinea, in Guinea,
war ein guter König mit 'nem Xylofon,
das ist ganz aus Holz, aus ganz altem Holz,
seit 800 Jahren klingt das schon.

Wir waren auf der CD durch die Umsetzung mit Kora und Balafon an die Tonart F gebunden.
Auf der Gitarre können Sie mit Kapodaster im 1. Bund folgende Akkorde spielen, die leichter zu greifen sind:

| E H7 E | E H7 E | E H7 E | E H7 E |

Oder mit Kapodaster im 3. Bund folgende Harmonien:

| D A7 D | D A7 D | D A7 D | D A7 D |

Die Karte zum Lied finden Sie in der hinteren Umschlagklappe.

Hochkulturen in Afrika

Für das Lied **„In Ägypten"** haben wir bewusst eindrucksvolle Bauwerke / Kunstobjekte in Afrika gewählt, die von den dortigen Menschen geschaffen wurden – Zeichen antiker Hochkulturen. Den meisten Erwachsenen sind die Königreiche von Mali und Kusch, von Groß-Simbabwe oder die Nok-Kultur keine Begriffe. Doch zeigen sie, dass es auf dem Schwarzen Kontinent sehr hoch entwickelte Kulturen gab, ehe der weiße Mann kam. Viele Europäer glauben heute noch, dass in Afrika nur verstreut lebende Wilde in primitiven Hütten hausten, bevor ihnen die weißen Kolonialherren die „Zivilisation" brachten. Das Gegenteil ist der Fall: Antike Städte wie Meroë (ehem. Reich Kusch) oder Kumbi Saleh (ehem. Reich Gana) standen bereits in voller Blüte, als es in Europa noch kaum Städte gab. Alle hier erwähnten Bauwerke / Kunstobjekte sind UNESCO-Weltkulturerbe bzw. ihr „kulturelles Umfeld", außer die Terrakotten der Nok-Kultur.

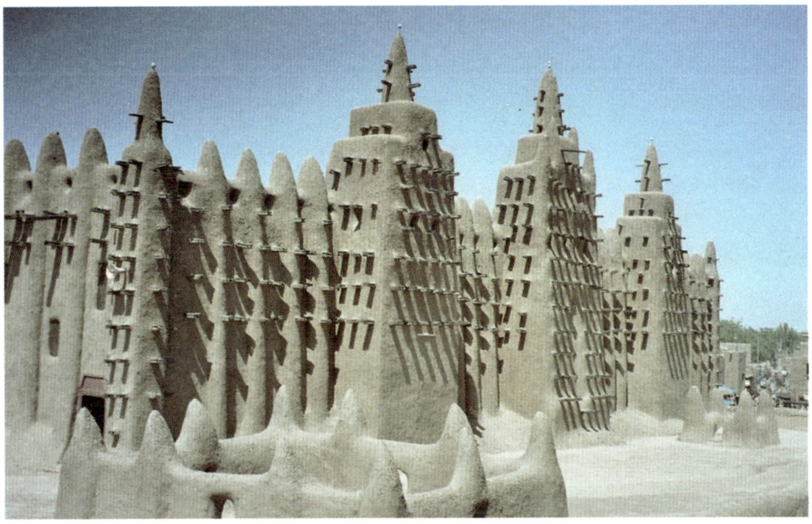

Lehm-Moschee von Djenné, Mali

Erklärung:

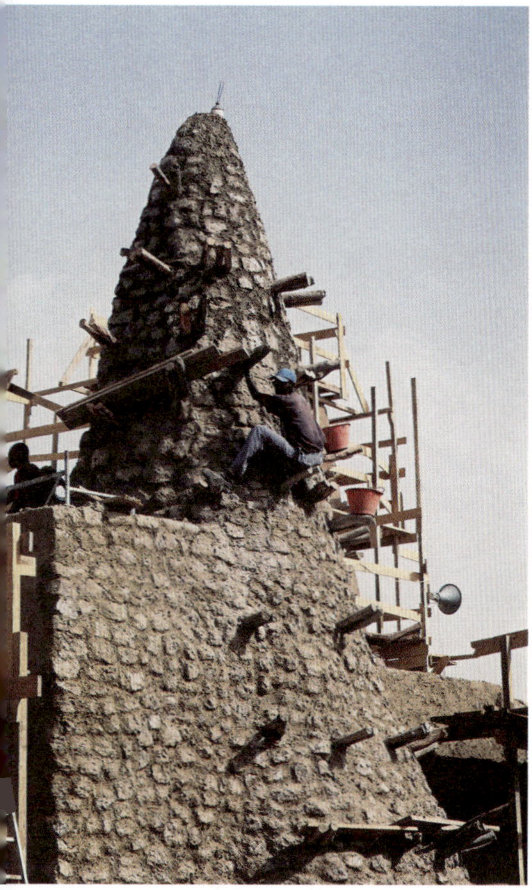

Reparatur der Djingere-ber-Moschee in Timbuktu

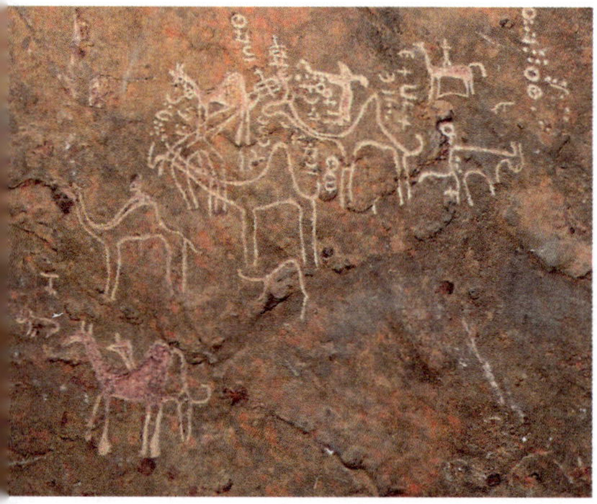

Felszeichnungen/Felsritzungen in Mali, südlich der Sahara

1. Die drei großen Pyramiden von Gizeh entstanden in der 4. Dynastie (2630 – 2525 v. Chr.). Man könnte den Kindern klar machen, dass für den Bau z. B. der großen Cheops-Pyramide 2 Mio. Steinblöcke, jeder 2 Tonnen schwer, hochgehievt werden mussten – und das ohne Kräne, nur von Menschenhand.

2. Die großen Lehm-Bauten (v. a. die berühmte Lehm-Moschee von Djenné) entstanden ab dem 12. Jh. im Reich Mali. Lehm ist ein genialer Baustoff: Er nimmt viel Feuchtigkeit auf und gibt sie leicht nach innen ab, was für ein gutes Raumklima sorgt. Dabei kann sich Schimmel nicht breit machen. Die Lehm-Bauten halten auch Regen stand. Aber nach ein paar Regenzeiten müssen sie doch restauriert werden. Das Material: Erde, Kuhdung, Wasser, Reis, Stroh und Fettcreme.

3. Groß-Simbabwe ist eine der ältesten steinernen Bauanlagen südlich der Sahara. Die Bauarbeiten erstreckten sich vom 11. bis 15. Jahrhundert. Die Gebäude sind aus relativ großen Granitblöcken errichtet, die ohne Mörtel verbaut wurden.

4. Im heutigen Sudan lag einst die antike Stadt Meroë, Hauptstadt des Reiches Kusch von 400 v. bis 300 n. Chr. Reste des Tempelkomplexes von Amun (ägpyt. Wind- und Fruchtbarkeitsgott) sind ausgegraben worden sowie Teile der Stadt und des Friedhofs mit eindrucksvollen Pyramiden. Diese Pyramiden sind im Gegensatz zu den ägyptischen aus Lehmziegeln erbaut.

5. Die Nok-Kultur soll sich bereits zwischen 1500 und 900 v. Chr. entwickelt haben. Anschließend erlebte sie ihre Blüte, aus der der Großteil der bekannten Terrakotten stammt. Die größten sind lebensgroß. Für Terrakotta wird der geformte Ton auf max. 1000 °C erhitzt. Dafür und für das Verhütten von Erz ist eine Technologie nötig, die sehr hohe Fertigkeiten erfordert. Die in Nigeria ausgegrabenen Schmelzöfen gehören zu den frühesten Zeugnissen der Eisenverarbeitung in Afrika.

6. Tausende Felszeichnungen und Felsritzungen finden sich im libyschen Teil des Tadrart: Sie entstanden von 12.000 v. Chr. bis 100 n. Chr. und bilden die reichste Ansammlung von Sahara-Felszeichnungen. Für die Farben wurden drei verschiedene Materialien verwendet: Weiß gewann man aus Kalziumoxid, Schwarz aus Ruß. Für alle anderen Farbtöne wurde Ocker verwendet.

7. Gräber der Buganda-Könige in Kasubi / Uganda:
   1882 wurde auf dem Kasubi-Hügel in Kampala, der Hauptstadt Ugandas, ein Palast für den König errichtet, der 1884 mit dem Tode von Kabaka Mutesa I. zu einer Grabstätte umgewidmet wurde. Das zentrale Gebäude ist ein aus Schilfgras errichteter Rundbau mit einem Durchmesser von 31 Metern und einer Höhe von 12 Metern. In seinem Inneren befinden sich die Gräber der vier Kabakas. In einem Rundhaus der Anlage werden die königlichen Trommeln aufbewahrt.

8. In einem Dorf in Guinea wird das Ur-Balafon von 1205 aufbewahrt. Einst gehörte es einem bösen Zauberer, der dann vom rechtmäßigen König Soundjata Kéita besiegt wurde. Dieser gründete 1236 das gewaltige Reich Mali. Das Balafon ging an seinen Hofmusiker. Die direkten Nachfahren dieses Hofmusikers bewahren das mysteriöse Instrument bis heute auf. Nur der Wächter darf es berühren und spielen (an einem Tag im Jahr). Die Bestandteile sind noch original, die Klangplatten verstimmen sich nicht.

   Zur Wächterfamilie gehört auch Mamadi Kouyaté, der auf der beiliegenden CD das Balafon gespielt hat.

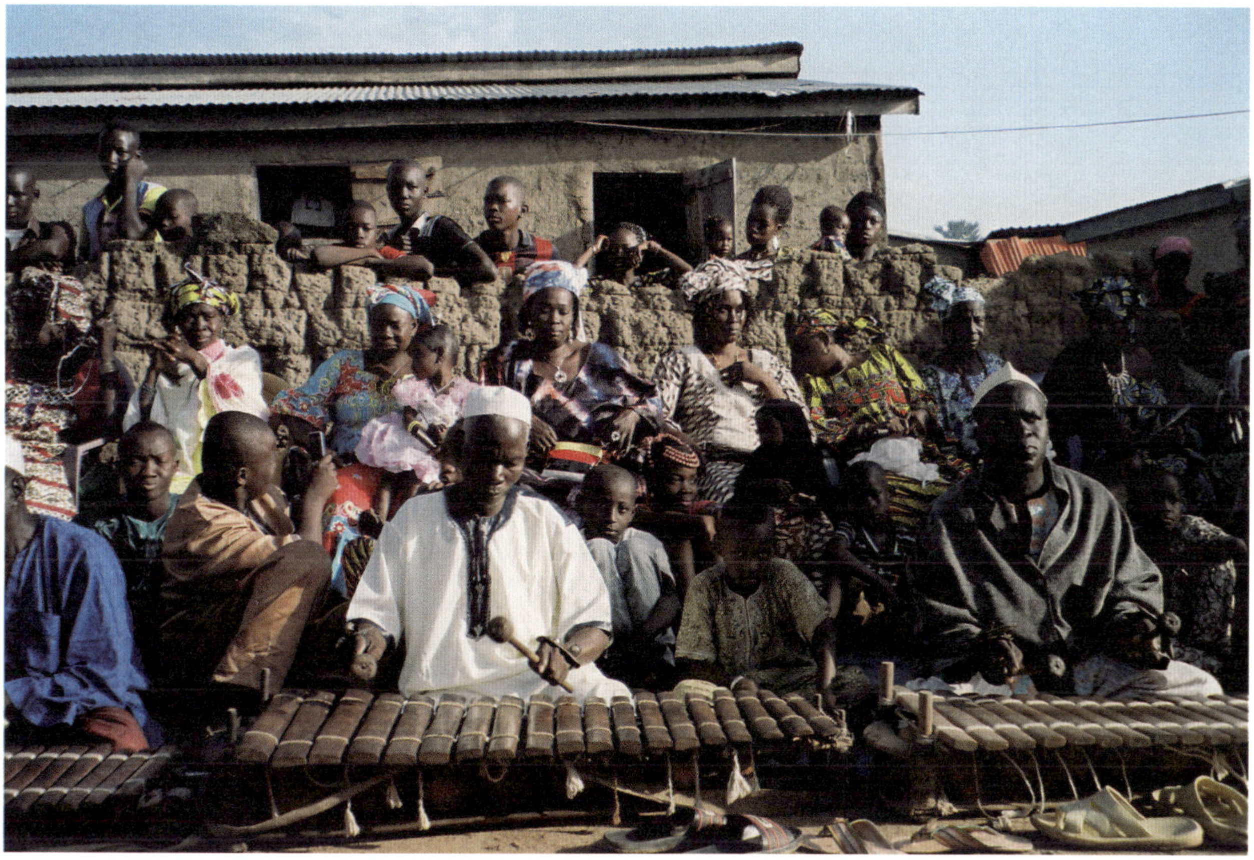

Zeremonie um das Ur-Balafon in Guinea

Bei den folgenden zwei Liedern können Sie die Kinder auch entsprechende Gesten zu den Strophen machen lassen:
- Massai: Speer und Lanze in der Hand,
- Buschmänner: Jagen, Pfeile schießen,
- Tuareg: Umhang, Turban, Speere, Schilder, Kamele ... usw.

21

Von Land zu Land

Melodie: My Bonnie is over the ocean

Schottisches Traditiona
Text: Ursula Branscheid-Kouyat

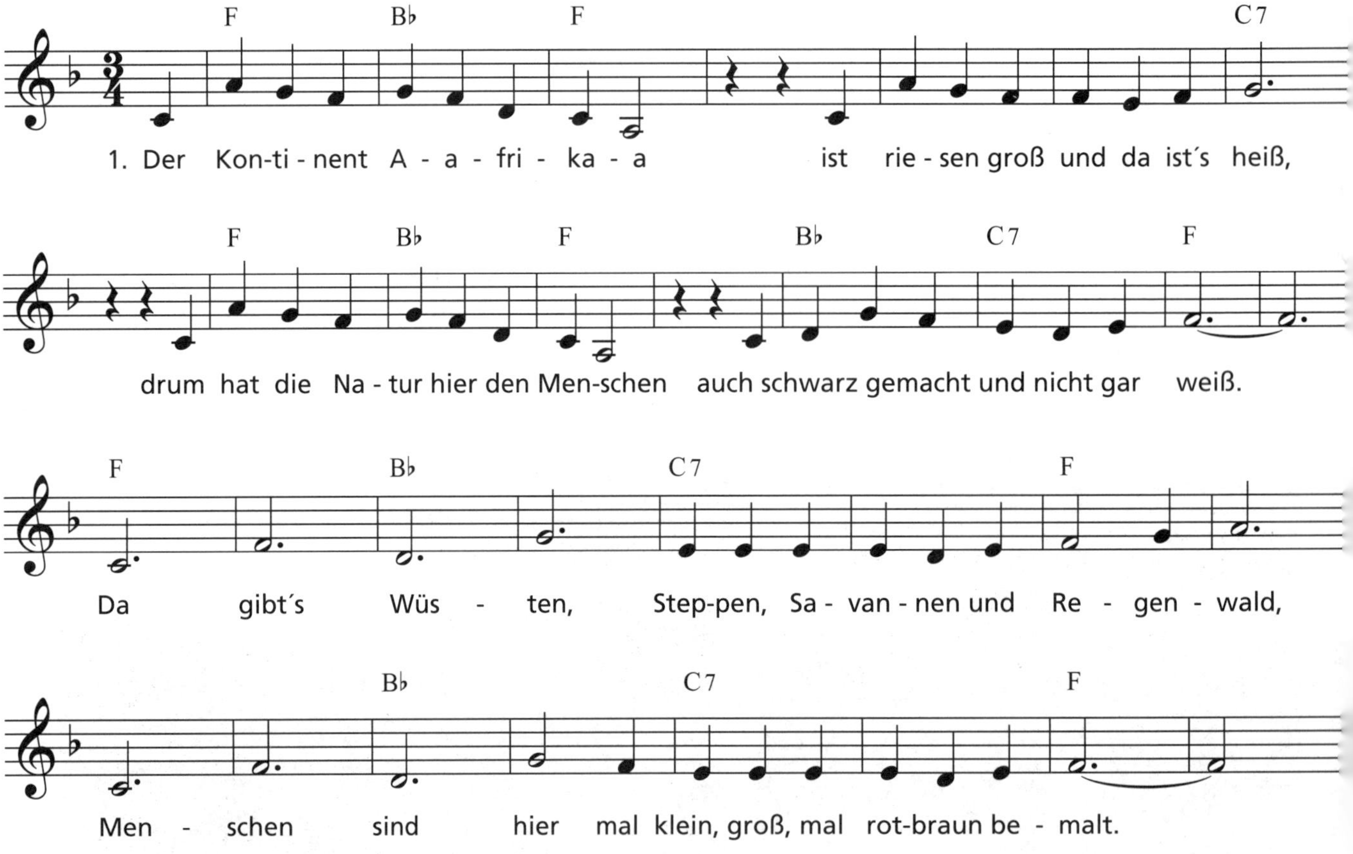

2. In Kenia, da sind die Massai, ganz schlank, groß und dunkel sind sie,
Massai, das sind stolze Krieger, mit vielen Kamelen und Vieh.
Speer und Lanze, das haben Massai in Kenia,
rote Kleider und langes und rot-braunes Haar.

3. In Südafrika und Botswana, da sind die Buschmänner daheim,
die Buschmänner sind gute Jäger, ganz flink und ganz schnell und ganz klein.
Jagen, klettern, in Südafrika und Botswa-a-na,
Pfeile schießen, das können sie ganz wunderbar.

4. In Nordafrika, der Sahara, da leben die Tu-u-a-reg,
   sie gelten als Ritter der Wüste, den Ruf haben sie lang schon weg.
   Blauer Umhang, Turban und helle Haut haben sie,
   Speere, Schilder, Kamele und Esel und Vieh.

5. In Mali, da leben die Dogon, an Felsen in Hütten aus Lehm,
   da leben die Dogon schon lange, und wollen gewiss nicht mehr geh'n.
   Masken, Hörner, Kostüme unheimlich und alt, ganz alt,
   Tänze, Trommeln ums Feuer und draußen im Wald.

6. In Ghana, da sind die Ashanti, das Königreich gab's lange schon,
   die Könige von den Ashanti, die hatten 'nen goldenen Thron.
   Gold und Schätze, viel Regenwald, ja das war in dem Land,
   Reichtum, Handel, das hat man dort lange gekannt.

7. Die Himba, die sind in Namibia, wo Wasser fast niemals kann sein,
   drum wäscht man sich hier nicht mit Wasser, und reibt sich viel lieber mal ein.
   Da kommt Fettcreme, Eisenerz, Ocker und Erde rein,
   das schützt nämlich vor Mücken und So-o-nnenschein.

8. Die Völker der Mursi und Surma, in Äthiopi-en und Sudan,
   die haben 'ne riesige Lippe, und stecken 'nen Teller noch dran.
   Ohren, Lippen, die haben 'ne Scheibe, die ist aus Ton,
   Mursi-Frauen, die machen das ganz lange schon.

Wir waren auf der CD durch die Umsetzung mit Kora und Balafon an die Tonart F gebunden. Auf der Gitarre können Sie mit Kapodaster im 1. Bund folgende Akkorde spielen, die leichter zu greifen sind:

E	A	E	%	%	%	H7	%
E	A	E	%	A	H7	E	%
E	%	A	%	H7	%	E	%
E	%	A	%	H7	%	E	%

Oder mit Kapodaster im 3. Bund folgende Harmonien:

D	G	D	%	%	%	A7	%
D	G	D	%	G	A7	D	%
D	%	G	%	A7	%	D	%
D	%	G	%	A7	%	D	%

Erklärung:

2. Ca. 1 Mio. Massai leben meist als nomadische Hirten in Kenia und Tansania. In zahlreichen Kriegen besiegten sie viele andere Gruppen. 1850 waren weite Landstriche nach ihren Raubzügen entvölkert. Aus dieser Zeit stammt das Bild des kriegerischen Massai. Typisch sind die roten Umhänge und lange, ockergefärbte Haare. Bekannt ist das Tanzen der Männer: Sie springen dabei auf der Stelle so hoch wie möglich und beweisen so ihre Männlichkeit. Die Hütte der Massai besteht aus getrocknetem Kuhdung.

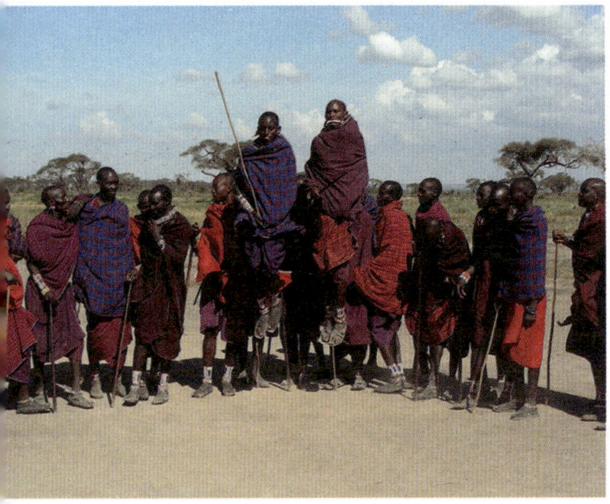

Springende Massai-Männer

3. Die Buschmänner leben seit Jahrtausenden in der Kalahari, die sich vom heutigen Südafrika, Botswana und Namibia bis Angola erstreckt. Die von den Buren eingeführte Bezeichnung ‚Hottentotten' ist diskriminierend, eigentlich kommen die Buschmänner aus den Ethnien der San und Khoi Khoi. Eigentümlich ist ihre Sprache mit Schnalz- und Klicklauten. Buschmänner werden maximal 1,50 m groß und sind gute Jäger und Sammler.

4. Die Tuareg sind ein Berber-Volk, das sich schon im 1. Jt. v. Chr. in der Sahara und der Sahel-Zone ausbreitete. Im Mittelalter gründeten sie im heutigen Mali die Stadt Timbuktu. Die rund 1 Mio. Tuareg leben heute in Teilen von Mali, Algerien, Niger, Nigeria, Libyen, Mauretanien und Burkina Faso. Typisches Merkmal sind die geheimnisvolle Verschleierung der Gesichter der Männer, ihre Bewaffnung mit langen Schwertern und Schilden sowie ihre weißen Kamele. Sie gelten als „Ritter der Wüste".

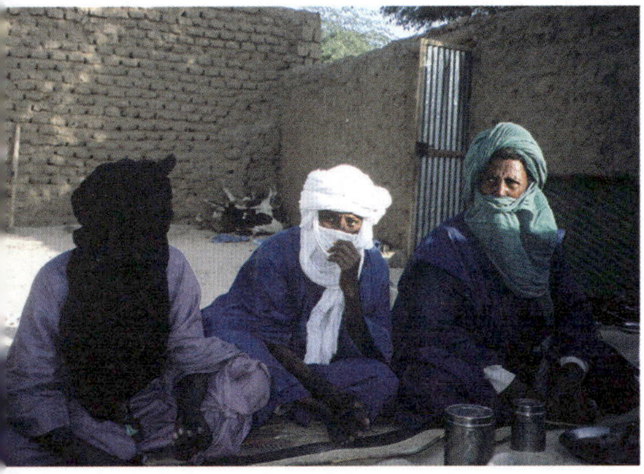

Tuareg in Timbuktu

5. Die Dogon leben hauptsächlich an der ‚Falaise de Bandiagara' in Mali und Burkina Faso. Ihre Lehmhütten ‚kleben' an der Felsterrasse oder in Höhlen. Berühmt wurden sie durch ihre geheimen Kulte und Maskentänze. Sie verehren den Sonnengott Amma.

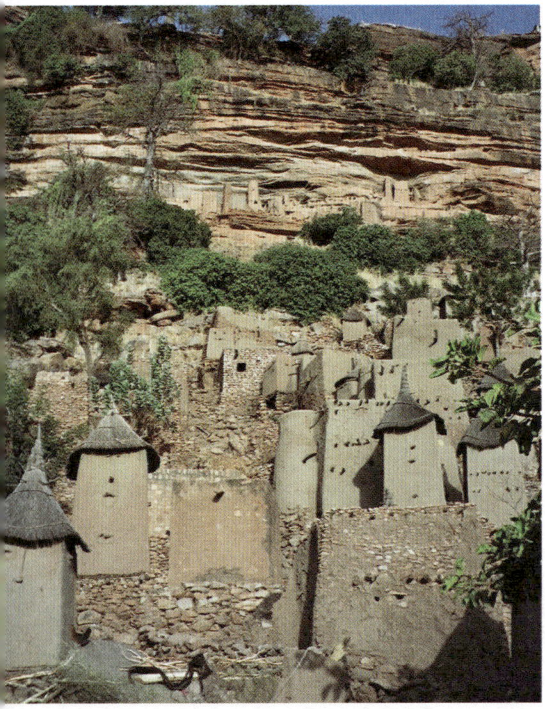

Falaise de Bandiagara

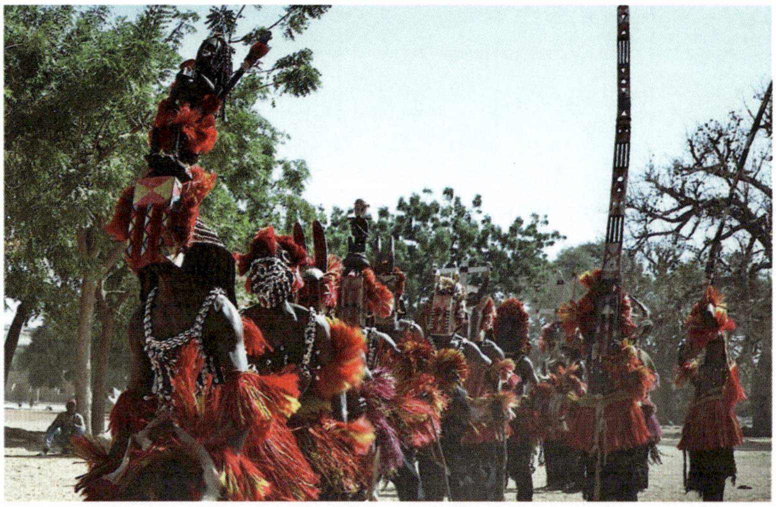

Maskentanz der Dogon

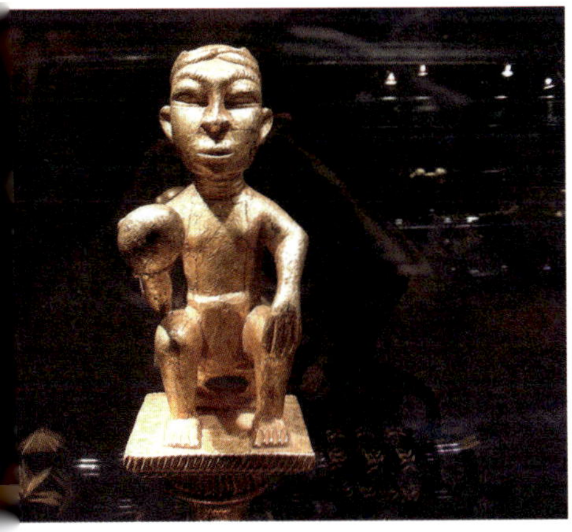

Ashanti-Figur

6. Das Ashanti-Reich bestand von 1680 bis 1896 im heutigen Ghana. Dort gab und gibt es bedeutende Goldvorkommen. Die Goldküste lieferte im 16. Jahrhundert 10 % des gesamten Weltbedarfs. Mitte des 18. Jh.s war das Ashanti-Reich die größte Militär- und Handelsmacht der Region. Seit 1695 besitzen die Ashanti einen mit Gold überzogenen Thron. Dieser enthält die Seele des Ashanti-Volks. Der Goldene Stuhl stellte die höchste politische Autorität dar und war Gegenstand der Gottesverehrung. Das Wohlergehen des Landes war an die Unversehrtheit des Stuhles gebunden.

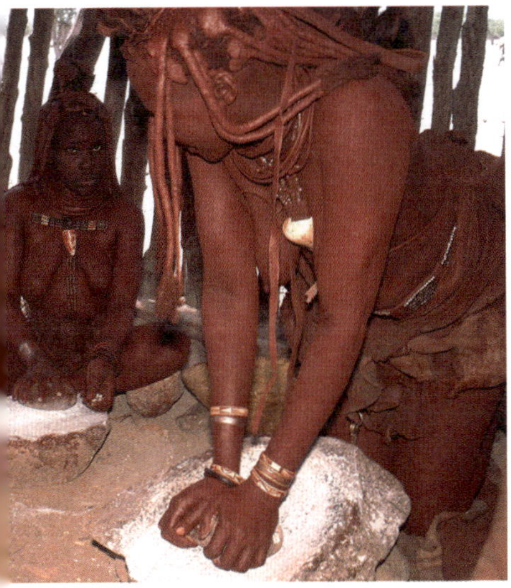

Herstellung der Körpercreme bei den Himba

7. Die Himba sind ein nomadisches Bantu-Volk, das im heutigen Namibia und Süd-Angola lebt. Die Himba leben ohne Urkunde und Ausweis in einfachsten Verhältnissen. Sie haben nur einen Lendenschurz aus Leder und Sandalen aus Autoreifen. Da das Wasser sehr knapp ist, wäscht man sich nur selten und reibt sich zum Schutz vor Hitze und Stechmücken mit einer rotbraunen Creme ein. Sie besteht aus Butterfett und Ockerfarbe (Eisenoxid), dazu kommt ein aromatisches Harz.
Kaum bekannt ist bisher, dass die Kinder auch Staub-Bäder nehmen, ähnlich wie Elefanten, zum Schutz vor den Insekten. Eines der ganz seltenen Fotos davon sehen Sie unten.

8. Mursi-Frauen in Äthiopien und Surma-Frauen in Äthiopien und dem Sudan setzen sich ab ca. dem 20. Lebensjahr Lippenteller ein. Nach dem Aufschneiden der Lippe wird zunächst ein kleiner, dann ein immer größerer Tonteller eingesetzt. Bei den Surma wurde das Ritual eingeführt, um die Frauen für die Sklavenhändler unattraktiv zu machen. Bei beiden Volksgruppen gilt ein großer Teller als Schönheitsideal, das den Brautpreis nach oben treibt.

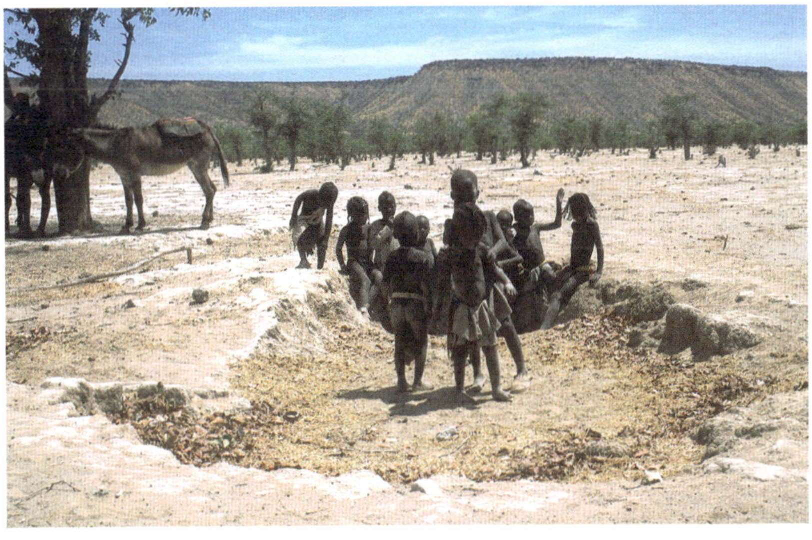

Staubbad der Himba-Kinder

Topografie von Afrika:

Da das folgende Lied viel Text enthält, können Sie mit Kindergartenkindern, die noch nicht lesen können, mit der einleitenden 1. Strophe beginnen. Am nächsten Tag kann eine neue Strophe einstudiert werden, immer im Wechsel mit der ersten. Am nächsten Tag wird wieder eine neue Strophe einstudiert, immer im Wechsel mit der ersten – oder die neue Strophe wird an die bisherigen drangehangen.
Mit Grundschulkindern, die schon lesen können, kann man einfach alles am Stück singen.

22 mit Gesang
23 ohne Gesang

Quer durch Afrika

Melodie: Auf der schwäbischen Eisenbahn

Deutsches Traditional
Text: Ursula Branscheid-Kouyaté

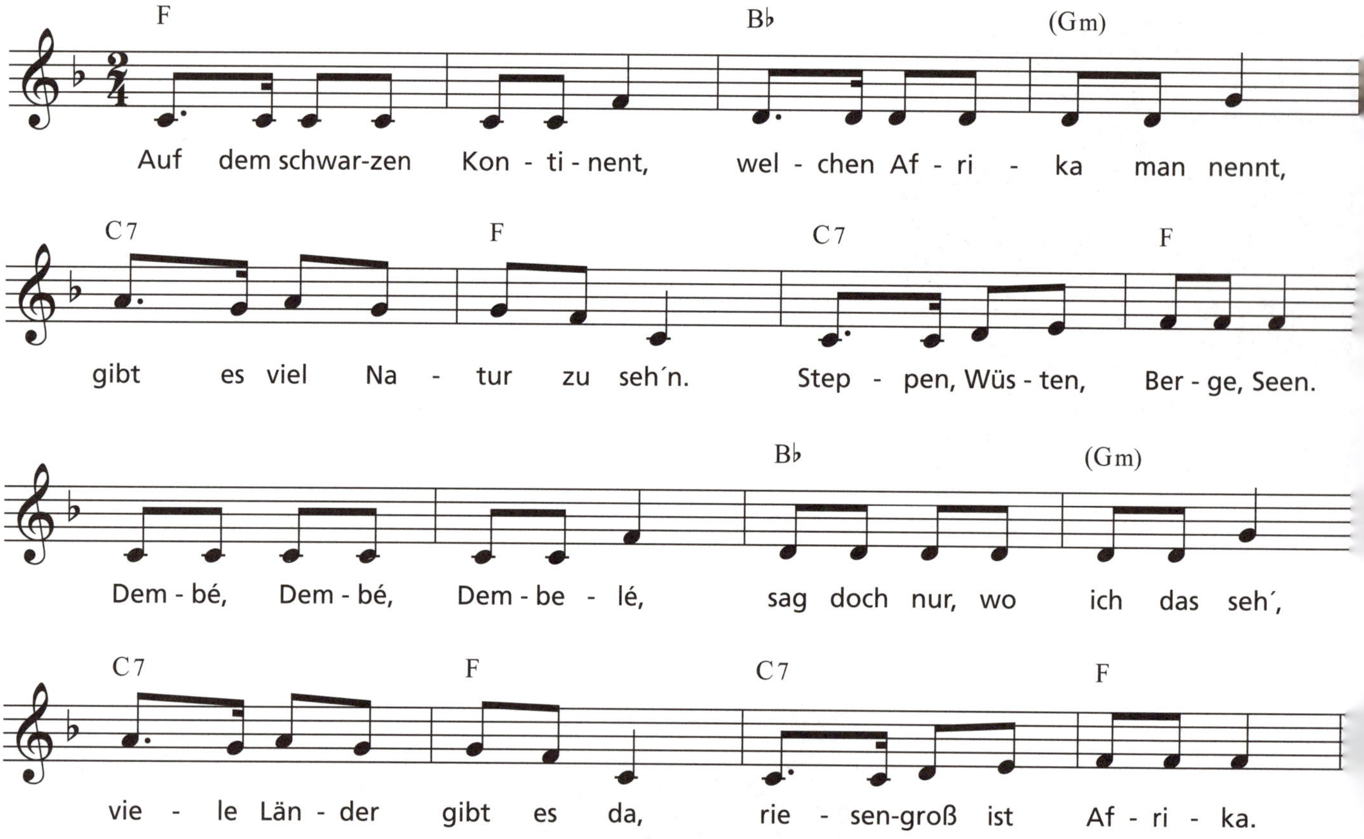

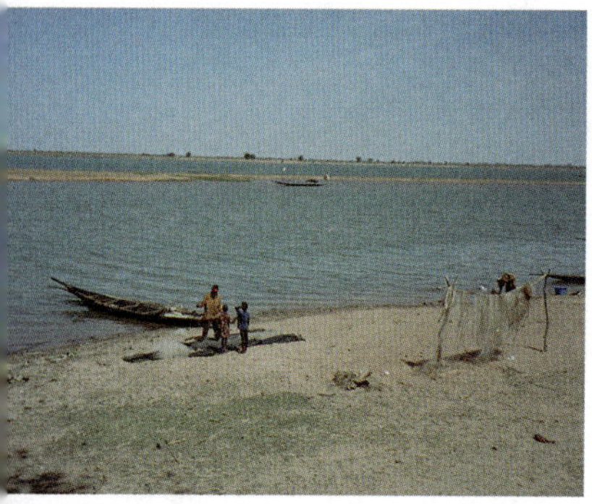

2. Von Burundi und Ruanda fließt der Fluss auch durch Uganda,
geht dann durch den Süd-Sudan, kommt dann in Ägypten an.
Schifffahrt bis zum Mittelmeer, durch die Wüste fällt's nicht schwer,
Wasser gibt es hier ganz viel, denn der Fluss, der ist der Nil.

3. Großen Fluss gibt's noch 'nen andern, dieser darf im Westen wandern,
in Guinea fängt er an, fließt durch Mali weiter dann,
kämpft dort mit dem Wüstensand, durch Benin zum nächsten Land,
und am Meer ist er der Sieger, denn der Fluss, das ist der Niger.

4. Mali, Niger, Tschad, Sudan, grenzen an 'ne Wüste dran,
Ä-gypten und Libyen, die sind auch noch mitten drin.
Sand und Dünen in Alger-ien, Marokko und in Tunes-ien,
Trockenheit war immer da, in der Wüste Sa-ha-ra.

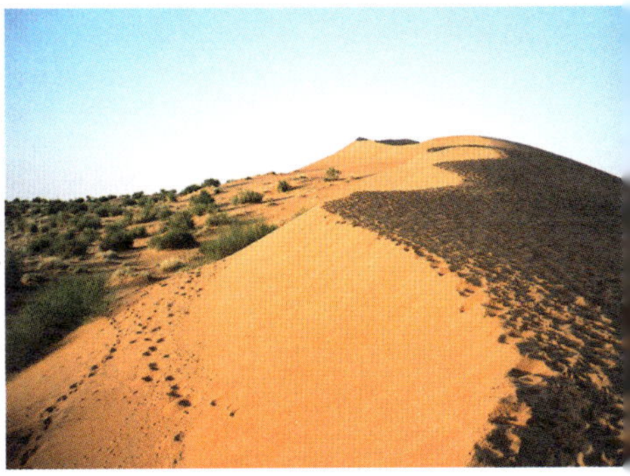

5. Ken-ia ist ein schönes Land, auch als Tierpark sehr bekannt,
Steppe, Gras und weite Sicht, hier stört man die Tiere nicht.
Löwe, Büffel und das Gnu, findet man hier schnell im Nu,
Elefanten sind ganz stark, in dem Serengeti-Park.

6. Im Nord-osten von 'nem Land, Tansania wird's genannt,
steht ein Berg mit Kratersee, oben, da sind Eis und Schnee.
Höchster Berg in Afrika, ja, das ist er ganz und gar,
ist man oben, ist man froh, auf dem Kilimandscharo!

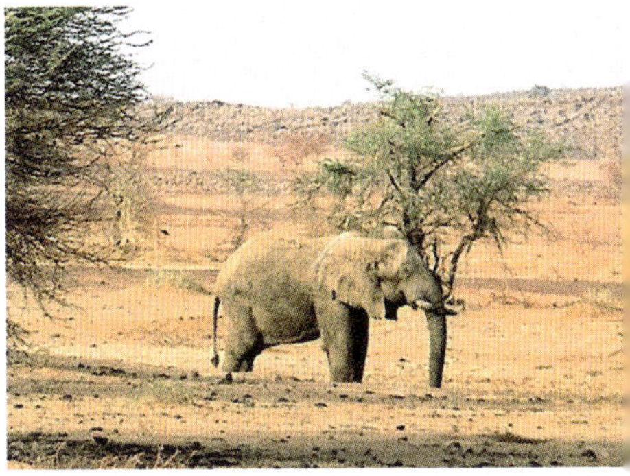

7. In dem alten Land Zaire gibt es viele wilde Tiere,
ein geschützter Regenwald, riesengroß und schon ganz alt.
Grüne Hänge, weites Land, Tiere, Pflanzen kaum bekannt,
Fluss und Land gaben dem Flecken seinen Namen Kongo-Becken.

8. Tief unten in Afrika, in Simbabwe und Samb-ia,
stürzt ein Fluss tief in 'ne Schlucht, mit so ungeheurer Wucht.
Dieser Strom, Sambesi heißt er, ja, den Wasserfall, den speist er,
weit schon hört man seinen Schall, vom Vic-tor-ia-Wasserfall.

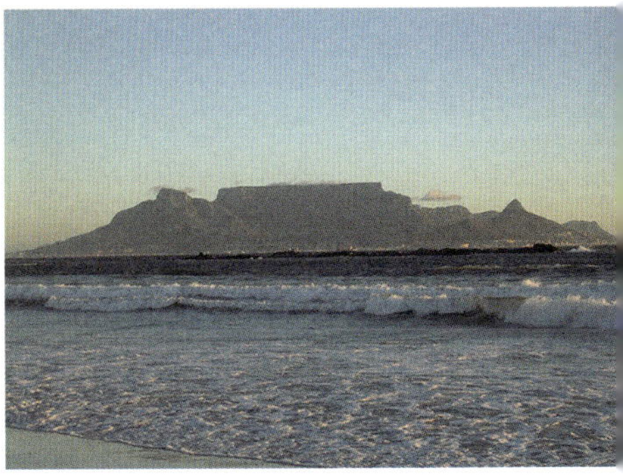

9. Im Norden von Namib-ia, sieht man Tiere wunderbar,
Hitze flirrt und Sonne brennt, jedes Tier zum Wasser rennt.
Ist dort mal 'ne Wasserschicht, steh'n Flamingos dicht an dicht,
diese salzige Savanne nennt man die Etosha-Pfanne.

10. Ganz, ganz unten liegt 'ne Stadt, mit 'nem Berg von oben platt,
trotz der allergrößten Hitze hat der Berg hier keine Spitze,
in Kapstadt am tiefsten Zipfel, hat der Berg 'nen flachen Gipfel,
jeder Mensch, der wird zum Zwerg, vor dem großen Tafelberg.

Wir waren auf der CD durch die Umsetzung mit Kora und Balafon an die Tonart F gebunden. Zum Singen eignet sie sich auch wunderbar, besser als die häufig zu findende Notation in C, bei der z. T. bis zum e' gesungen werden muss.
Auf der Gitarre können Sie mit Kapodaster im 1. Bund folgende Akkorde spielen, die leichter zu greifen sind:

‖:	E	⁒	A	(F#m)	
	H7	E	H7	E	:‖

Oder mit Kapo im 3. Bund:

‖:	D	⁒	G	(Em)	
	A7	D	A7	D	:‖

Kinderlieder mit der Djembé begleiten

Sie können auch deutsche Kinderlieder mit der Djembé begleiten: Ideal eignen sich dazu jew. Begleitung 1 von Balakulania oder von Djolé.

Nehmen Sie also z. B.

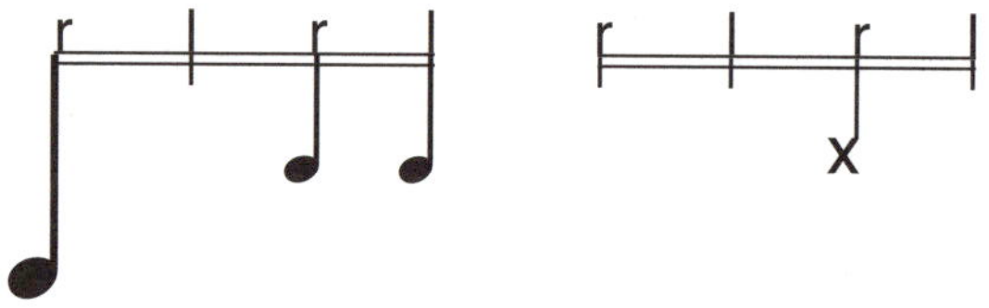

oder

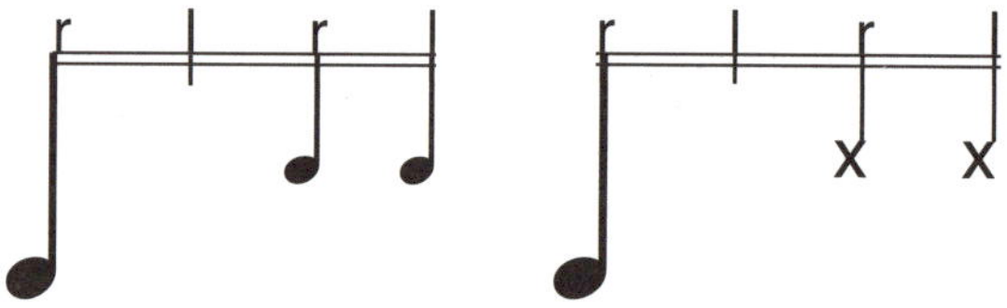

als Begleitung für:

Alle meine Entchen
Alle Jahre wieder
Alle Vögel sind schon da
Auf der Mauer, auf der Lauer
Backe, backe Kuchen
Bruder Jakob
Das Wandern ist des Müllers Lust
Die Affen rasen durch den Wald
Ein Jäger aus Kurpfalz
Ein Mann, der sich Kolumbus nannt
Grün, grün, grün sind alle meine Kleider
Hänschen klein
Häschen in der Grube
Hopp, hopp, hopp
Horch, was kommt von draußen rein
Morgen, Kinder, wird's was geben
Sankt Martin
Summ, summ, summ
Wer will fleißige Handwerker seh'n
Zeigt her Eure Füße

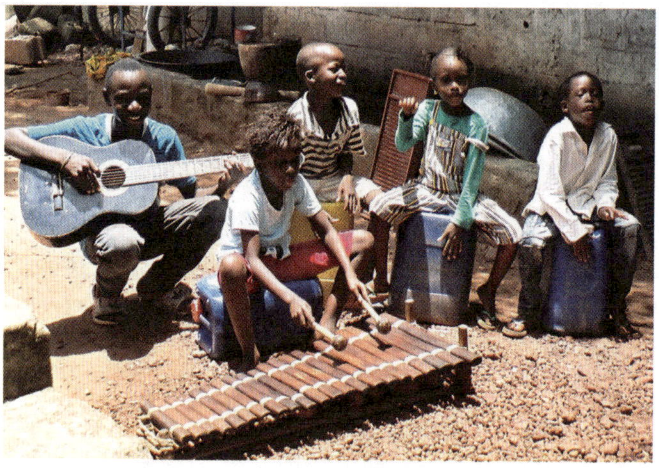

Bei den fett gedruckten Liedern muss man schon recht sicher auf der Djembé sein – zu langsam gesungen oder im half-time-Tempo auf der Djembé begleitet klingt's dann sonst nicht.

DIE MODULE

Die Module können beliebig kombiniert werden. Vorzugsweise nimmt man für eine Unterrichtsstunde je ein Modul aus der Gruppe „Spiele", „Beat", „Hand-to-hand" und „Rhythmen". Die „Schlagtechniken" muss man v. a. beim ersten Mal absolvieren, daran führt natürlich kein Weg vorbei. Bei folgenden Stunden kann man nur noch kurz oder dann nicht mehr auf Bass, Ton und Slap eingehen.

Spiele zum Einstieg:

A) Reise ins Trommelland (5 min.):
Die Trommeln / Instrumente stehen abgedeckt in einer Ecke des Raums, die Kinder bereiten sich auf eine lange Reise vor und überlegen, was sie mitnehmen möchten. „Ich packe meine Musikinstrumente ein und nehme mit: ..."
Anschließend wird gemeinsam überlegt, wie man am besten ins Trommelland kommt. Die Ideen der Kinder werden gemeinsam in Bewegungen umgesetzt: fliegen, mit dem Schiff fahren, schwimmen, Fahrrad fahren, laufen ...
Angekommen! Nun kann das Trommel-Erlebnis beginnen.

B) Stationenlauf mit Instrumenten (8 min.):
Die Instrumente werden an vier verschiedenen Punkten im Raum verteilt. Die Kinder dürfen sich nun zur Musik frei bewegen. Wenn die Musik aufhört, soll jeder schnell an einem dieser Instrumentenpunkte stehen bleiben. Nun darf jedes Kind ausprobieren, welchen Klang es mit den Instrumenten erzeugen kann, die Gruppe hört dabei zu. Wenn alle Kinder die Instrumente ihres Punktes ausprobiert haben, fängt die Musik wieder an, und die Kinder bewegen sich erneut. Die Kinder suchen sich beim Stopp der Musik wieder einen Instrumentenpunkt, es muss aber ein anderer sein als beim letzten Mal.

C) Trommelkreis (8 min.)
Die Kinder haben je eine Trommel und sitzen im Kreis nah beieinander. Nun schlägt ein Kind einen Schlag auf seiner Trommel und sagt dazu seinen Namen. Danach schlägt es auf die Trommel des Nachbarn rechts neben sich einen Schlag und sagt dessen Namen. So geht es rechts herum im Kreis. Danach das Gleiche links herum: mit der rechten Hand auf der eigenen Trommel, mit der linken auf der Trommel des Nachbarn links davon. Im Anschluss kann man rechts und links herum wechseln: Jedes Kind entscheidet spontan, ob es den Schlag rechts oder links herum weitergibt.
So wird die Reaktion geschult sowie das Bewusstsein für die Rechts-links-Koordination.

Der Beat:

D) Beat klatschen (4 min.):
Die Schüler sitzen im Stuhlkreis, der Lehrer fängt an zu klatschen: 1, 2, 3, 4. Aufforderung an die Schüler mitzumachen.
Die Schüler können nun zeitweise aufhören und wieder in das Beat-Klatschen einsteigen. Aber immer nur auf der „eins", nicht irgendwo mittendrin! Der Lehrer kann kontinuierlich das Tempo steigern. Auf das Zusammenbleiben achten!

E) Schläge zum Beat klatschen / „Stille Post" mit Rhythmen (8 min.):
Die Kinder stehen im Kreis und laufen den Beat auf der Stelle: rechts, links, rechts, links. Dazu zählen sie „1, 2, 3, 4". Über diese Pulsation klatscht der Lehrer ganz einfache Rhythmen. Das macht jedes Kind einzeln nach und gibt an den Nachbarn weiter. Wenn der Rhythmus wieder beim Lehrer angekommen ist, gibt er einen neuen vor usw.

F) Den Beat finden (5 min.):
Einzelne Komplett-Versionen der Rhythmen von der CD hören (CD Nr. 3, 5, 7, 9, 11, 13 – 17 oder 22, 23, 26):
Dazu den Beat laufen. Der Lehrer läuft mit den Schülern auf der Stelle oder durch den Raum, mit rechts beginnend. Das sind quasi die 4tel (der Beat).
Darauf achten, dass die Kinder mit der „eins" auf rechts beginnen.

Schlagtechniken auf der Djembé:

(daran denken, dass alle Schläge ‚open' sind)

G) Der Bass (3 min.):
Die Schüler schlagen mit der flachen Hand in die Mitte der Trommel, die Hand springt dabei leicht ab wie auf einem Trampolin.
Abwechselnd rechts, links schlagen.

H) Tierimitation mit Bass-Schlägen (3 min.):
z. B. „Wie macht ein Elefant"? Bum, bumbum bum. Oder ein Nashorn: bum, bum ...

I) Der Ton (5 min.):
Die flache Hand schlägt mit geschlossenen Fingern am Rand der Trommel (kein Winkel, flach auftreffen!). Achtung: nicht zu weit rein oder rausgehen, die gesamten Finger spielen den Schlag. Nun abwechselnd rechts, links schlagen.

J) Imitation mit Ton-Schlägen (3 min.):
z. B. „Wenn man auf eine Kokosnuss klopft, wie klingt das?" Tok, tok, tok, tok.

K) Der Slap (5 min.):
Die Finger treffen wie beim Ton am Rand der Trommel auf, nur diesmal ist das Handgelenk angewinkelt, die Finger treffen locker und geöffnet auf dem Fell auf (Achtung: Winkel ist ganz wichtig), so ergibt sich der peitschenartige Klang.

L) Tierimitation mit Slap-Schlägen (3 min.):
z. B. „Wie macht eine Schlange, wenn sie mit ihrem Schwanz schlägt?" Tschak, tschak, ...

Bei den Tier-Imitationen sind natürlich viele Ideen möglich. Hier kann man auch die Kinder Assoziationen mit Tieren finden lassen.

M) Ton und Slap hintereinander spielen (3 min.):
Ton, Ton, Slap, Slap, Ton, Ton, Slap, Slap.
Dabei darauf achten, dass die Hand bei Ton und Slap an der gleichen Stelle spielt (nicht weiter rein oder weiter rausgehen), nur unterschiedliches Formen der Hand erzeugt die verschiedenen Klänge.

N) Bass, Ton und Slap hintereinander spielen (5 min.):
Kontrollieren, dass die Schüler nicht rudern, kippen oder wischen, sondern klar von oben nach unten schlagen.
Dabei sind alle Schläge ‚open', also in keinem Fall auf dem Fell liegen bleiben („patschen").
Beim Spielen sollten die Kinder nicht schneller und die Schläge unsauber werden.

O) Die Tabs (2 min.):
Die Tabs werden nur leicht mit den Fingerspitzen auf der Djembé getippt. Die Finger werden locker gelassen. So berühren nur die Fingerkuppen das Fell, nicht die ganzen Finger.

P) Der Flam (5 min.):
Hierbei schlägt eine Hand einen leichten Vorschlag, die andere den Hauptschlag. Wichtig ist dabei, dass der Vorschlag deutlich vor dem Hauptschlag ist, damit es nicht wie unsauber gespielte Schläge mit zwei Händen klingt. Zu weit auseinander sollten die beiden Schläge aber auch nicht sein, da es sonst wie zwei Einzelschläge klingt.
Man kann den Flam mit zwei Slaps ausführen oder mit zwei Tönen.
Da der Flam für unsere Zwecke zunächst nur in der Bloquage vorkommt, sollte man vor allem mit zwei Tönen üben und den Vorschlag besonders mit links ausführen, den Hauptschlag mit rechts. So bleibt der Handsatz bei der Bloquage erhalten.

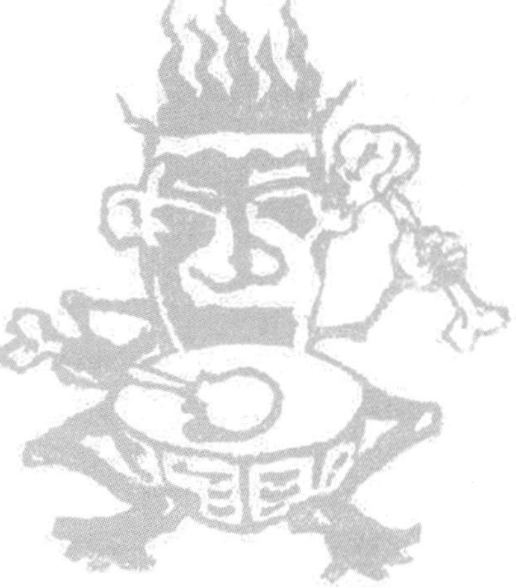

Das Hand-to-hand-Spiel:

Q) Erste Hand-to-hand-Übung (5 min.):
Es werden zwei Gruppen gebildet. Zunächst klatschen alle einen langsamen Beat.
Die eine Gruppe klatscht nun immer weiter, während die andere die 16tel dazwischen als Tab mit den Fingerspitzen auf der Djembé spielt. Dann Gruppenwechsel.

R) 16tel mit Wortsilben benennen (5 min.):
Auf der Djembé geklopfte 16tel (Tabs) werden mit Wortsilben benannt, z. B. Scho - ko - la - de oder Ap - fel - ku - chen (4-silbige Wörter und Dinge, die alle gern mögen).

S) Betonungen einbauen (5 min.):
Eine Gruppe betont nun (bei weiterlaufendem 16tel-Tippen) die Silbe „Scho“ mit einem Slap-Schlag, eine andere die Silbe „ko“, eine andere die Silbe „la“ und die letzte Gruppe die Silbe „de“. Dadurch „wandert“ die Betonung nun reihum. Die Kinder merken dabei, auf welche Hand die Betonung fällt: „Scho“ und „la“ auf die rechte Hand, „ko“ und „de“ auf die linke.

T) Pausen respektieren und auf die anderen hören (5 min.):
Es werden zwei Gruppen gebildet: Alle spielen wieder 16tel-Tabs auf der Djembé und sprechen dazu „Scho-ko-la-de“. Die erste Gruppe betont die ersten zwei Silben („Scho – ko“), die andere die letzten zwei („la – de“) als Slap. Der Lehrer tippt dazu mit dem Fuß den Beat oder schlägt ihn auf einer Trommel.

Die Rhythmen:

U) Stimmen der Djembé-Rhythmen einstudieren (10 min.)
Die Kinder die jeweilige Seite ihres Heftes mit den Kinder-Noten aufschlagen lassen. Der Lehrer macht den Rhythmus langsam vor und spricht dazu die Symbole wie im Schüler-Heft, z. B. Balakulania: Nuss, hm, Topf, Topf, hm, hm, Blatt, hm. Dabei ist es auch wichtig, die Leerschläge (Tabs) mitzusprechen (z. B. ‚hm‘), damit der rhythmische Fluss klar ist.

V) Stimmen der Basstrommel-Rhythmen einstudieren (10 min.):
Da man meist nicht für jedes Kind eine Basstrommel hat, kann man diese Rhythmen auch erst einmal auf der Djembé üben: Die linke Hand imitiert auf der Kante die Glocke, die rechte macht die Fell-Schläge.
Möglicherweise kann man auch am Tisch mit Stiften in der Hand als Stock-Ersatz üben.
Auch abgestoppte Schläge (speziell bei der Sangba) sollten vorher eingeübt werden.

W) Bloquage einstudieren (5 min.):
Zum Üben spielt man die Bloquage natürlich immer wieder hintereinander. Den Kindern aber erklären, dass die Bloquage später bei den Rhythmen nur einmal und von einer einzigen Person gespielt wird. Dann startet der Rhythmus.
Die Bloquage ist ja Start- und Schlusssignal. Daher wird sie auch zum Aufhören benutzt.

X) Spielen der kompletten Rhythmen (10 – 15 min.)
Nun, da alle alle Stimmen beherrschen, können die Rhythmen auf Djemben und Basstrommeln verteilt werden.
Einzelne Kinder können auch Rasseln oder Shaker spielen.
Einzelne Kinder können auch das Startsignal, die Bloquage, geben.
Das Schluss-Signal sollte in jedem Fall der Lehrer geben, da es erheblich schwerer ist, in einen laufenden Rhythmus hinein die Bloquage zu geben.

Entspannung und „Lauscherlebnis“

(10 min.)
Die Gruppe sucht sich einen bequemen Platz, jeder soll sich möglichst entspannt hinsetzen oder legen. Nun wird ruhige Musik abgespielt. Anschließend wird das Gehörte mit den Kindern thematisiert:
- „Was habt Ihr gehört?“
- „Wie war es für Euch?“
- „Welche Instrumente habt Ihr gehört?“
  (s. „Instrumente in Westafrika“, S. 72/73)
- „Was habt Ihr Euch dabei vorgestellt?“

24 – 27

Djembé im Kindergarten / Grundschule: 1. Stunde
Thema: spielerischer Einstieg in die Grundlagen

Zeit	Unterrichtsverlauf	Beschreibung s. Seite	Wiederholung/Vertiefung im Schülerheft
	Raumvorbereitungen: die Djemben für die Kinder, Stühle, Decke/n zum Zudecken der Trommeln, evtl. die Schüler-Hefte für die Kinder, CD-Spieler		
	Im Kindergarten kann im Morgenkreis das Reimspiel „Bass–Ton–Slap“ gesungen werden.	S. 28	
1. – 5. min.	1. Spiel „Reise ins Trommelland“	S. 49	
6. – 8. min.	2. Schlagtechniken auf der Djembé: Bass	S. 14 bzw. 50	Fotos S. 7
9. – 13. min.	3. Schlagtechniken auf der Djembé: Ton	S. 15 bzw. 50	Fotos S. 7
14. – 18. min.	4. Schlagtechniken auf der Djembé: Slap	S. 15 bzw. 50	Fotos S. 8
19. – 20. min.	5. Schlagtechniken auf der Djembé: Tab	S. 16 bzw. 50	Foto S. 8
21. – 25. min.	6. Erste Hand-to-Hand-Übung	S. 16 bzw. 51	
26. – 35. min.	7. Djembé-Stimmen von „Djolé“ einstudieren	S. 22 bzw. 51 CD Nr. 4/5	Noten S. 16 ausmalen
36. – 45. min.	8. Entspannung und Lauscherlebnis	S. 51 CD Nr. 24 - 27	Kora-Bild S. 29 ausmalen

Djembé im Kindergarten / Grundschule: 2. Stunde
Thema: „Ersten kompletten Original-Rhythmus spielen“

Zeit	Unterrichtsverlauf	Beschreibung s. Seite	Wiederholung/Vertiefung im Schülerheft
	Raumvorbereitungen: die Djemben für die Kinder, Stühle, CD-Spieler, evtl. die Schülerhefte		
	Im Kindergarten kann im Morgenkreis nochmal das Lied „Wawanco“ gesungen werden.	S. 31 CD Nr. 15	
1. – 8. min.	1. Spiel „Stationenlauf mit Instrumenten“	S. 49	
9. – 12. min.	2. Beat-Übung „Beat klatschen“	S. 49	
13. – 20. min.	3. Schlagtechniken wiederholen: Bass, Ton, Slap, Tab	S. 14 - 16 bzw. 50	Fotos S. 7/8
21. – 28. min.	4. Hand-to-hand-Übung: „16tel mit Wortsilben benennen“	S. 51	
29. – 33. min.	5. Djembé-Stimmen von „Djolé“ wiederholen	S. 22 bzw. 51 CD Nr. 4/5	Noten S. 16 ausmalen
34. – 38. min.	6. Basstrommel-Stimmen von „Djolé“ einstudieren	S. 22 bzw. 51 CD Nr. 4/5	Noten S. 17 ausmalen
39. – 43. min.	7. Kompletten Rhythmus „Djolé“ spielen	S. 22 CD Nr. 4/5	

Djembé im Kindergarten / Grundschule: 3. Stunde
Thema: „Kreativität mit Rhythmen“

Zeit	Unterrichtsverlauf	Beschreibung s. Seite	Wiederholung/Vertiefung im Schülerheft
	Raumvorbereitungen: die Djemben für die Kinder, Stühle, CD-Spieler		
	Im Kindergarten kann im Morgenkreis das Lied „Balakulania“ gesungen werden.	S. 30 / CD Nr. 14	
1. – 8. min.	1. Spiel „Trommelkreis“	S. 49	
9. – 16. min.	2. Beat-Übung „Stille Post mit Rhythmen“	S. 49	
17. – 19. min.	3. Tier-Imitation mit Bass-Schlägen	S. 50	
20. – 22. min.	4. Tier-Imitation mit Ton-Schlägen	S. 50	
23. – 25. min.	5. Tier-Imitation mit Slap-Schlägen	S. 50	
26. – 30. min.	6. Hand-to-hand-Übung „Betonungen einbauen“	S. 51	
31. – 40. min.	7. Djembé-Stimmen von „Balakulania“ einstudieren	S. 21 bzw. 51 CD Nr. 2/3	Noten S. 14 ausmalen
41. – 45. min.	8. Entspannung und Lauscherlebnis	S. 51 CD Nr. 24 - 27	Balafonbild S. 28 ausmalen

Djembé im Kindergarten / Grundschule: 4. Stunde
Thema: „Balakulania“

Zeit	Unterrichtsverlauf	Beschreibung s. Seite	Wiederholung/Vertiefung im Schülerheft
	Raumvorbereitungen: die Djemben für die Kinder, Stühle, CD-Spieler		
	Im Kindergarten kann im Morgenkreis nochmal das Lied „Balakulania“ gesungen werden.	S. 30 CD Nr. 14	
1. – 5. min.	1. Beat-Übung „Den Beat finden“	S. 49 CD Nr. 3, 5, 7, 9, 11, 13 - 17, 26	
6. – 10. min.	2. Ton und Slap hintereinander spielen	S. 50	
11. – 15. min.	3. Flam einstudieren	S. 16 bzw. 50	
16. – 20. min.	4. Hand-to-hand-Übung „Pausen respektieren und auf die anderen hören“	S. 51	
21. – 25. min.	5. Djembé-Stimmen von „Balakulania“ wiederholen	S. 21 bzw. 51 CD Nr. 2/3	Noten S. 14 ausmalen
26. – 35. min.	6. Basstrommel-Stimmen von „Balakulania“ einstudieren	S. 21 bzw. 51 CD Nr. 2/3	Noten S. 15 ausmalen
36. – 45. min.	7. Kompletten Rhythmus „Balakulania“ spielen	S. 21	

Djembé im Kindergarten / Grundschule: 5. Stunde
Thema: „Auf Signale in der Musik hören“

Zeit	Unterrichtsverlauf	Beschreibung s. Seite	Wiederholung/Vertiefung im Schülerheft
	Raumvorbereitungen: die Djemben für die Kinder, Stühle, CD-Spieler, Lied-Text zu Djolé / Balakulania		
1. – 5. min.	1. „Beat finden“: nochmal zur CD laufen und klatschen (anderes Stück als beim letzten Mal)	S. 49 CD Nr. 3, 5, 7, 9, 11, 13 - 17, 26	
6. – 10. min.	2. Bass, Ton und Slap hintereinander spielen	S. 50	
11. – 15. min.	3. Nochmal Übung „Pausen respektieren und auf die anderen hören“	S. 51	
16. – 20. min.	4. „Bloquage“ einstudieren	S. 17 bzw. 51	
21. – 30. min.	5. Bloquage anhand von „Djolé“ oder „Balakulania“ anwenden	S. 21 bzw. 22	
31. – 40. min.	6. Lied zu Djolé bzw. Balakulania	S. 31 bzw. 30 CD Nr. 15 bzw. 14	
41. – 45. min.	7. Entspannung und Lauscherlebnis	S. 51 CD Nr. 24 - 27	Bolon-Bild S. 30 ausmalen

Djembé im Kindergarten / Grundschule: 6. Stunde
Thema: „Sofas sind nicht nur zum Sitzen da!“

Zeit	Unterrichtsverlauf	Beschreibung s. Seite	Wiederholung/Vertiefung im Schülerheft
	Raumvorbereitungen: die Djemben für die Kinder, Stühle (kein Sofa!)		
1. – 5. min.	1. „Beat finden“: nochmal zur CD laufen und klatschen (zu anderem Stück als beim letzten Mal)	S. 51 CD Nr. 3, 5, 7, 9, 11, 13 - 17, 26	
6. – 10. min.	2. Bass, Ton und Slap hintereinander spielen	S. 50	
11. – 15. min.	3. Bloquage wiederholen	S. 17 bzw. 51	
16. – 25. min.	4. Djembé-Rhythmen von „Sofa“ einstudieren	S. 23 CD Nr. 7, 8	Noten S. 18 ausmalen
26. – 35. min.	5. Basstrommel-Rhythmen von „Sofa“ einstudieren	S. 23 CD Nr. 7, 8	Noten S. 19 ausmalen
36. – 45 min.	6. Sofa komplett spielen mit Bloquage	S. 23	

Fünf afrikanische Märchen

Die Geschichte von Mali Sadjo und dem Flusspferd

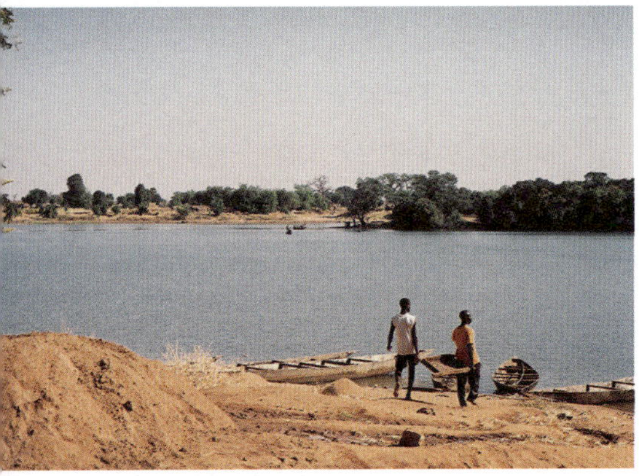

Zusammenfluss von Bakoye und Bafin

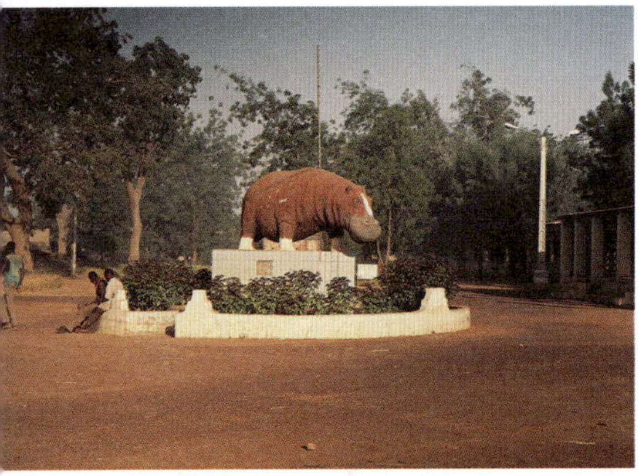

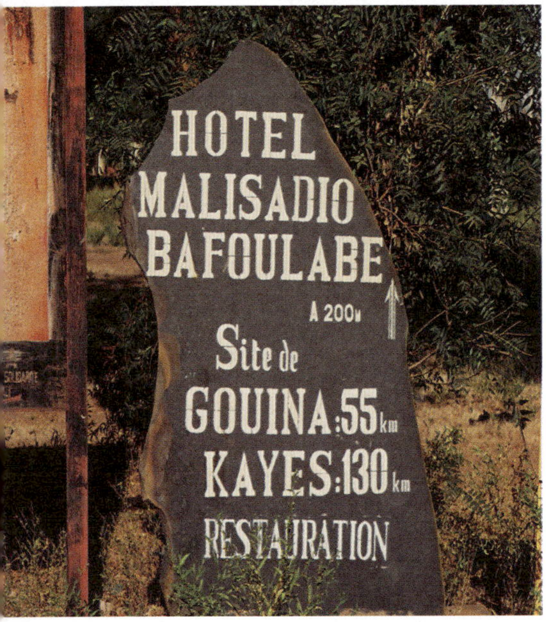

Einst gab es tief in Westafrika, im heutigen Land Mali, einen Ort namens Bafoulabé. Bafoulabé heißt „zwei Flüsse fließen". Hier flossen Bakoye (weißer Fluss) und Bafin (schwarzer Fluss) zusammen. Die zwei Flüsse flossen in verschiedene Richtungen und vermischten sich nicht. Selbst wenn man deren Wasser in eine Flasche füllte und schüttelte, trennte sich das Wasser immer wieder.

Im Fluss bei Bafoulabé lebte ein Flusspferd, das heißt auf Malinké „Mali". Alle im Dorf verstanden sich gut mit Mali. So kam einst eine schwangere Frau mit einem Krug an den Fluss, um Wasser zu holen. Das Flusspferd sagte: „Frau, ich kann dir helfen, das Wasser in den Krug zu füllen." So geschah es, die Frau war froh um die Hilfe des Flusspferds. Es kann ja auch tiefer in die Flussmitte schwimmen und klareres Wasser holen als am Uferbereich. Doch als Mali der Frau den vollen Krug zurückgab, sage er: „Nun habe ich dir geholfen, das Wasser in den Krug zu füllen. Wenn das Kind, das du erwartest, ein Mädchen wird, gib es mir zur Frau!" Was sollte die Frau machen, das Wasser war ja schon im Krug, und widerwillig stimmte sie zu.
Wenig später bekam sie ihr Kind und es war tatsächlich ein Mädchen. Man nannte es Mali Sadjo.
Mali Sadjo freundete sich im Lauf der Zeit mit dem Flusspferd an und es wurde ihr engster Vertrauter. Doch langsam kam Mali Sadjo in das Alter, in dem die Mädchen zu heiraten pflegten. Ihre Eltern fragten sie, ob sie keinen netten jungen Mann hätte, aber sie konnte keinen Kandidaten nennen, nur das Flusspferd war ihr bester Freund. So sagten die Eltern, dann müsse sie eben ihren Cousin heiraten (was damals nicht unüblich war). Er war ein erfolgreicher Jäger. Aber Mali Sadjo wies ihn ab. Das erboste den Cousin sehr, der sich in seiner Ehre verletzt fühlte – man verschmähte ihn wegen eines Flusspferds! So fasste er einen teuflischen Plan: Er wusste, dass sich Mali Sadjo und das Flusspferd oft bei Dämmerung trafen. Er schlich sich eines Abends an den Fluss und wartete. Doch in der ersten Nacht kam das Mädchen nicht. Auch in der zweiten wartete er vergeblich. Aber in der dritten Nacht kam das Flusspferd an die Oberfläche. Der Cousin kam aus seinem Hinterhalt, schoss einen Speer auf das Tier ab, und es sank blutend unter die Oberfläche. Mali Sadjo ahnte zu Hause sofort, dass etwas nicht stimmt und kam zum Ufer gerannt. Dort sah sie das Tier gerade noch blutend untergehen. Sie ging zu ihm ins Wasser, und gemeinsam verschwanden sie im Fluss. Man hat sie nie wieder gesehen.

Doch den Flusspferden sagt man in Westafrika magische Kräfte nach. So kam ein großer Regen über Bafoulabé und alles wurde überschwemmt. In der Sintflut kamen alle Bewohner um.
Doch wie können wir von der Geschichte wissen, wenn niemand überlebt hat? Es ist ein kleiner Vogel, der alles gesehen und uns die Geschichte erzählt hat ...

Das dazugehörige Lied „Mali Sadjo" ist auf der CD Nr. 25 mit Kora- und Balafon-Begleitung zu hören.

18

Die eingebildete Djadji
Das Lied Miniam'ba dazu

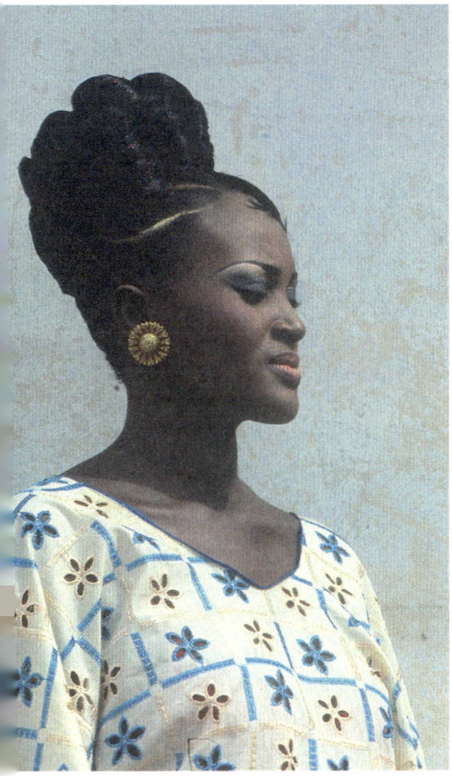

Die folgende Geschichte ereignete sich vor unglaublich langer Zeit im Königreich Héli.
Der König von Héli hatte zwei unzertrennliche Töchter, Djadji und Penda. Djadji war die ältere und schönere. Ihre Eltern vergötterten sie ebenso wie die Dorfbewohner. Selbst der König konnte ihr einfach nichts verweigern. Man unterwarf sich all ihren Launen, jeder wollte der Prinzessin gefallen. Während sie aufwuchs, wurde sie zunehmend fordernder und immer launischer. Die Prinzessin war bereits Königin, bevor es überhaupt so weit war.

Als Djadji zur jungen Frau wurde, sprudelten die Heiratsanträge nur so von überall her. Im ganzen Dorf war man ungeduldig zu erfahren, wer der glückliche Auserwählte der Prinzessin sein würde. Als die Zeit der Ernte kam, erstürmten die Bewerber nahezu das Dorf. Sie bevölkerten Héli wie eine Legion von Wanderheuschrecken. Aber im Gegensatz zu den Heuschrecken zogen sich die Bewerber der schönen Djadji mit leeren Händen zurück. Trotz ihrer Geschenke und der Noblesse ihrer Herkunft gelang es niemandem, ihr Herz zu erobern. Jeder Mann, der sich präsentierte, war ihr nicht schön genug. Und das ging eine Jahreszeit so.

Die Frauen waren enttäuscht zu sehen, wie die Prinzessin die Verehrer abwies, die zu den schönsten und reichsten des Königreichs zählten. Der König ließ schließlich seine Tochter kommen und fragte sie:
„Djadji, ich habe noch nie so viele junge Männer in diesem Dorf gesehen. Keiner Frau wurde je so der Hof gemacht wie dir. Aber du kannst dich nicht entscheiden und bist traurig. Sag mir, welchen Mann du heiraten willst, und ich werde ihn herbringen."
„Vater", antwortete sie, „alle diese Männer sind nicht so wie ich will. Ich will als Ehemann einen schönen Mann mit einem perfekten Körper, ohne eine Narbe."

Der Vater war verlegen und blieb nachdenklich, überzeugt davon, dass es einen solchen Mann nicht geben kann. Nur ein Baby hat noch keine Narben. Aber die Wünsche seiner Tochter waren dem König ein Befehl und er verkündete: „So wie du möchtest, sei es, meine Tochter!"

Der König von Héli bestellte den Trommler und ließ ihn ausrufen: „Belebte und unbelebte Wesen, laufend oder kriechend, mit Flügeln oder in der Tiefe der Erde, Wesen mit Hörnern oder Federn oder Stacheln, ... der König von Héli will für seine Tochter den perfekten Mann, ohne eine Narbe."

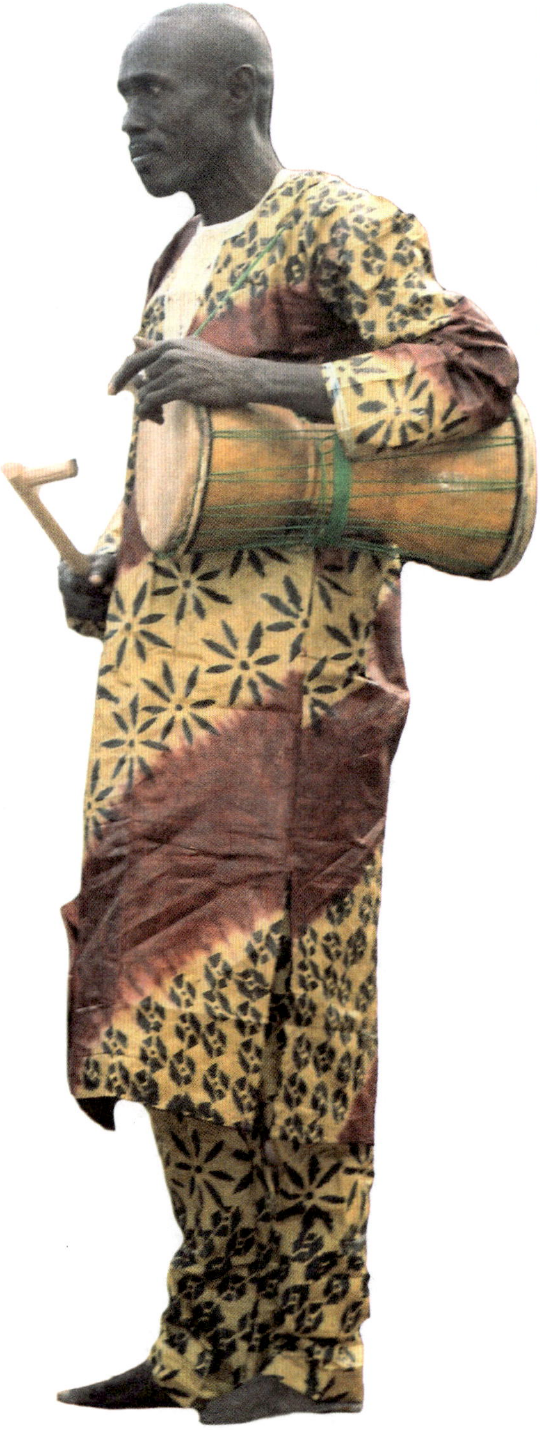

Die Töne der Trommel wurden mit Verblüffung aufgenommen, weil der Tambour major eigentlich nur schlimme Ereignisse ankündigte: den Tod des Königs, Invasion der Heuschrecken oder andere Katastrophen. Aber der Angst folgte Erstaunen, so ungewöhnlich war das königliche Begehren, und schwierig zu erfüllen. Denn im Busch draußen musste man kämpfen, um zu überleben. Und weil der Einsatz von Krallen und Fangzähnen geläufig war, hatte jeder Spuren am Körper.

Währenddessen sah jeder um sich, ob nicht der ideale Märchenprinz der eigene Nachbar war. Einige Tiere inspizierten sorgfältig ihr Fell, die Mähne oder das Federkleid, mit Ausnahme des Schimpansen, der frustriert war durch sein Hinterteil, das ihn vom Schönheits-Wettbewerb ausschloss. Der stolze Hahn musste aufgeben, weil ihm ein Teil seines Kamms fehlte, den er bei einem Kampf verloren hatte. Einer nach dem anderen verzichteten die Tiere auf eine Antwort des Appells, weil jeder eine Narbe gefunden hatte, die ihn ausschloss. Aber Miniam'ba, die beeindruckende Schlange Boa, hatte ein Geheimnis. Sie hatte beschlossen, die Prinzessin zu heiraten, um sie anschließend für ihre Eitelkeit zu bestrafen.

In Héli hatte derweil das Leben wieder seinen normalen Lauf genommen. Doch eines Morgens erkannte man in der Ferne eine Staubwolke, die sich dem Dorf näherte. Die Staubwolke wurde von Reitern aufgewirbelt, die sich im Galopp näherten. Die Truppe kam auf dem Dorfplatz zum Stehen. An der Spitze machte ihr Chef eine stattliche Figur auf seinem weißen Hengst. Wie hypnotisiert betrachtete man, wie der edle Fremde näher kam. Anmutig und groß, die Haut wie Ebenholz und ohne jegliche Narbe; alles in der katzenartigen Erscheinung eines Kämpfers. Mit sanftem Blick, aber stechend wie ein Raubtier. Die Arme waren muskulös und kräftig. Er war die Perfektion schlechthin. Der Mann stellte sich vor: „Hamadi, Prinz von Yooyo."

Yooyo war ein bekanntes und wohlhabendes Königreich. Hamadi verriet den Grund seiner Reise, und er war voll bepackt mit Geschenken. Djadji hatte die Szene aus der Entfernung beobachtet. Sie war noch nicht gefragt worden, aber ihre Zustimmung schien festzustehen.
Der schöne Hamadi hatte jedoch ein seltsames Benehmen. Er weigerte sich, den Tisch mit dem König zu teilen. Er aß hinter verschlossener Tür in der Gästehütte. Penda musste herausfinden, was der Märchenprinz zu verbergen hatte. Sie verwandelte sich in eine Fliege und flog in die Hütte. Die Überraschung war schrecklich. Hinter dem Märchenprinz verbarg sich Miniam'ba die Boa, gefürchtet für ihre tödliche Umarmung. Mit ihren kräftigen Segmenten konnte sie Büffel ersticken, um sie anschließend zu verschlingen.

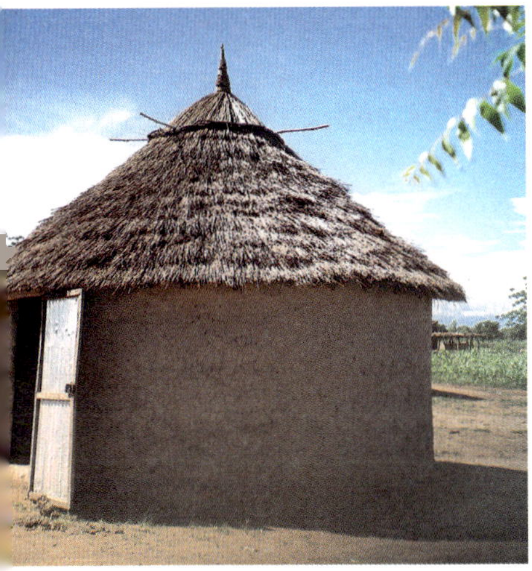

Eingeschlossen in seiner Hütte, nahm Miniam'ba wieder seine natürliche Gestalt an, um zu essen, und schlüpfte anschließend wieder in die Form des schönen Hamadi. Penda wusste nicht mehr, was sie machen sollte. Wenn sie erzählen würde, was sie gesehen hatte, würde ihr niemand glauben, und man hätte sie schnell der Eifersucht bezichtigt. Sie warnte ihre Schwester vor dem seltsamen Verhalten ihres Bewerbers, der sehr schön war, aber von den man doch nichts wusste. Aber Djadji hatte keine Ohren mehr, um zu hören. Und da das ganze Dorf dem teuflischen Charme von Hamadi erlegen war, riskierte die arme Penda, verbannt zu werden. Ohnmächtig musste sie zusehen, wie sich alle um den mysteriösen Bewerber bemühten. Nur dem Schaf vertraute sie ihr Geheimnis an. Als Djadji zu ihrem Verehrer in die Hütte gehen wollte, fing es wie verrückt zu blöken an. Davon genervt, ließ die eitle Djadji es kurzerhand töten und sie verspeisten das Fleisch als Hochzeitsmahl.

Die Prinzessin Djadji verkündete, dass Hamadi ihren Vorstellungen entspreche. Die Geschenke des Bewerbers wurden akzeptiert und die Abreise von Djadji und Hamadi für den nächsten Tag vorgesehen. „Wir müssen schnell gehen, weil der Weg weit ist nach Yooyo", sagte Hamadi. Penda wollte ihre ältere Schwester begleiten. Sie bat inständig, bis der König von Héli unter dem Druck nachgab.

Als der Morgen heranbrach, setzte sich die Hochzeitsgesellschaft in Bewegung Richtung Yooyo. Djadji ging glücklich und zufrieden, überzeugt, die perfekte Schönheit geheiratet zu haben. Sie dachte nicht daran, sich in Acht zu nehmen vor Hamadi und dem langen Weg, der durch den Wald führte.

Héli lag weit hinter ihnen, als sie in den Wald kamen. Hier gab es riesige Bäume, und viele Lianen versperrten den Weg. Die zwei jungen Frauen waren mehr und mehr beunruhigt. Aber Djadji hatte Vertrauen in ihren Ehemann. Außerdem waren genügend bewaffnete Sklaven bei ihnen, um wilde Tiere fern zu halten. Als die Gruppe tief in den Wald eingedrungen war, beschloss Hamadi, am Ufer eines Flusses ein Zeltlager aufzuschlagen. Er entließ alle Sklaven, die im Wald verschwanden. In dem schicksalhaften Lager waren sie nun nur noch drei, Hamadi, Djadji und Penda. Die stolze Braut fing an sich zu fürchten und erinnerte sich nun, wohl ein bisschen spät, an die Warnungen ihrer Schwester.

Hamadi gab vor, fischen zu gehen, damit sie etwas zum Essen hätten. Aber er hatte weder eine Angelrute noch ein Netz. Penda verwandelte sich wieder in eine Fliege und folgte ihm. Als Hamadi alleine war und sich in Sicherheit wägte, nahm er seine natürliche Form an und verschwand als Miniam'ba im Fluss. Mit einem ohrenbetäubenden Krachen entfaltete die Boa ihre ganze Länge wand sich im Wasser. In einem blitzartigen Moment schleuderte sie einen großen Fisch ans Ufer. Der vermeintliche Prinz von Yooyo kehrte zum Camp zurück, mit dem Fisch beladen, der groß genug war, um den Hunger der drei zu stillen.

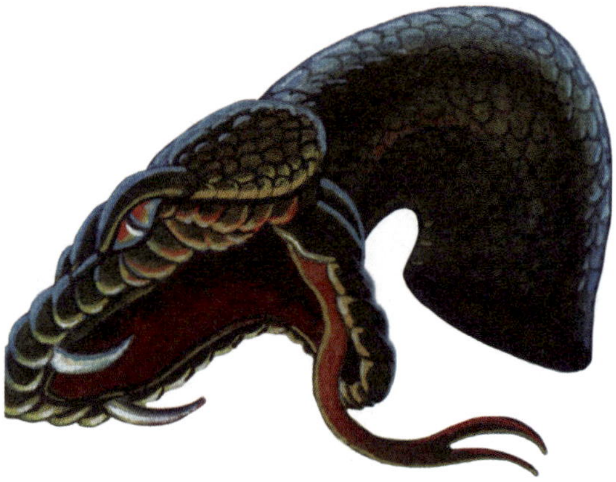

Am zweiten Tag folgte Penda Hamadi noch einmal, aber dieses Mal schienen Boas und Pythons ein Treffen zu veranstalten. Die großen Reptilien waren zusammengekommen, um der großen Boa Miniam'ba zu gratulieren, weil es ihr gelungen war, die eingebildete Djadji zu heiraten. Miniam'ba gab ihnen damit die Gelegenheit, die Beleidigungen zu sühnen und sich zu rächen für all die Bewerber, die die verdorbene Prinzessin lächerlich gemacht hatte. Die Entscheidung war gefallen: die überhebliche Djadji und ihre Schwester am nächsten Tag zu verschlingen.
Als Penda zurück war, informierte sie ihre Schwester über die Machenschaften Miniam'bas und das verhängnisvolle Projekt der Schlangen. Noch vor der Rückkehr des monströsen Hamadi flüchteten die zwei Frauen so schnell sie konnten, aber es galt den Wald zu passieren.
Penda und Djadji liefen ohne Rast. Währenddessen kam Hamadi-Miniam'ba zum Zeltlager zurück und stellte ihr Verschwinden fest. Er verstand, dass er enttarnt worden war. Wild vor Rage machte er sich sofort an die Verfolgung. Mit mächtigen Laufschritten schlug er sich durch den Busch. Er wusste, dass die Flüchtigen am Roten Fluss gestoppt würden.
Hamadi-Miniam'ba hatte recht. Am Ufer eines Flusses mit schäumendem Wasser saßen Djadji und ihre Schwester zitternd vor Angst. Zwischen den beiden Ufern machte sich ein dichter Wasserdampf breit, das Wasser war wild und ignorierte die Verzweiflung der zwei, die es durchqueren wollten. Der Rote Fluss erinnerte sie an einen Kochtopf

mit brodelndem Wasser. Die Verzweiflung der Flüchtigen war groß, weil sie wussten, dass der finstere Hamadi ihnen folgen würde. Sie stellten sich seine Wut vor und den Durst nach Rache. Aber als Penda auf der anderen Seite einen großen Vogel sah, erstrahlte ihr Gesicht. Sie erkannte Bala-Kononifi, den großen Adler. Er war der Einzige, der im Gegenzug für ein paar Geschenke die Reisenden von einer Seite zur anderen bringen konnte.
Um Mitleid zu erregen, fing Penda an zu singen:

„Tiguen, tiguen, Bala-Kononifi kangala madjan.
So bé n'fesso Bala-Kononifi kangala madjan.
Nodimadé Bala-Kononifi kangala madjan."

„Bring mich herüber, bring mich herüber, Adler mit dem schönen Hals;
Ich habe Pferde, ich habe Pferde, Adler mit dem schönen Hals.
Pferde, Adler mit dem schönen Hals, werde ich dir geben."

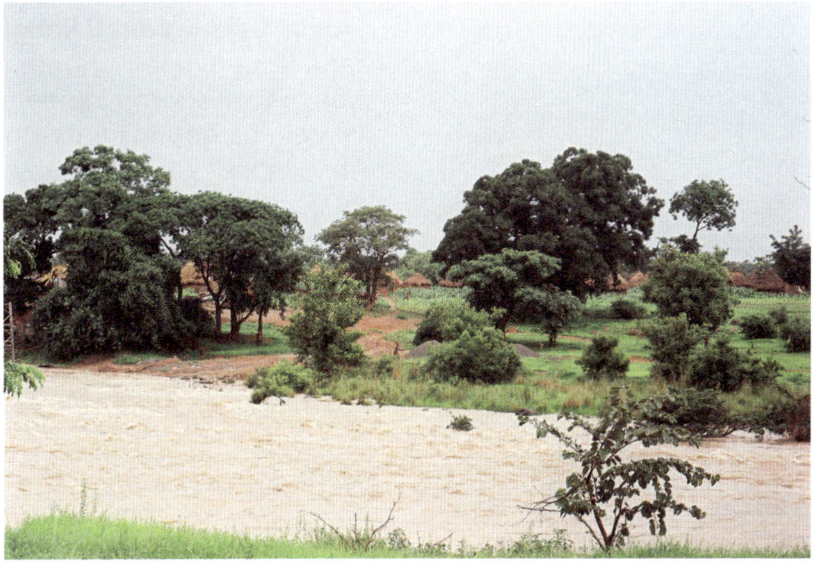

Mit seinen kräftigen Krallen brachte der Adler sie herüber und setzte sie auf dem Gestrüpp ab. Nun ergriff Djadji das Wort und sang das gleiche Lied. Aber zum Erstaunen von Djadji stimmte Penda ein Gegen-Lied an:

„Kana tiguen, kana tiguen, Bala-Kononifi kangala madjan.
Sota fesso, sota fesso, Bala-Kononifi kangala madjan."

„Nimm sie nicht, nimm sie nicht, Adler mit dem schönen Hals, sie hat keine Pferde, Adler mit dem schönen Hals, du wirst nichts bekommen!"

Djadji brach in Tränen aus und flehte ihre Schwester an, sie nicht dem sicheren Tod auszuliefern. Verzweifelt erinnerte sie Penda daran, dass der Mann, der sie verfolgte, ihr Bräutigam

sei, der schöne Mann ohne eine Narbe, für den das ganze Dorf stillschweigend ihre Beleidigungen ertragen habe. Bei diesen Worten hielt sich Djadji die Hände vors Gesicht und schluchzte. Von Reue ergriffen, schwor sie, zukünftig auf jegliche Eitelkeiten und Launen zu verzichten.
Penda war natürlich nicht bösartig, sie wollte ihrer Schwester nur eine Lektion erteilen. Gegen das Versprechen von Djadji, ihr Verhalten zu ändern, sang sie erneut für den Adler, der die junge Frau von dem gefährlichen Ufer rettete.

Kaum war Djadji neben Penda abgesetzt, als auf der anderen Seite Hamadi-Miniam'ba auftauchte. Charmant wandte er sich an den Adler, indem er ihm Gold und Pferde versprach gegen den Transfer auf die andere Seite. Bala-Kononifi akzeptierte. Er hob mit Hamadi-Miniam'ba vom Boden ab. Penda sah zu, wie sie sich näherten. Sie wartete, bis der Adler mit dem Verfolger genau über der Mitte des Flusses war und sang nun:

„Abila, Bala-Kononifi kangala madjan,
kana tiguen Bala-Kononifi kangala madjan.
Afili, Bala-Kononifi kangala madjan.
Miniam'ba doundé Bala-Kononifi kangala madjan.
Abi kan kari kangala madjan."

„Lass ihn los, Adler mit dem schönen Hals,
nimm ihn nicht, Adler mit dem schönen Hals.
Lass ihn los, es ist Miniam'ba, die Boa,
lass ihn los, er wird dir den Hals brechen."

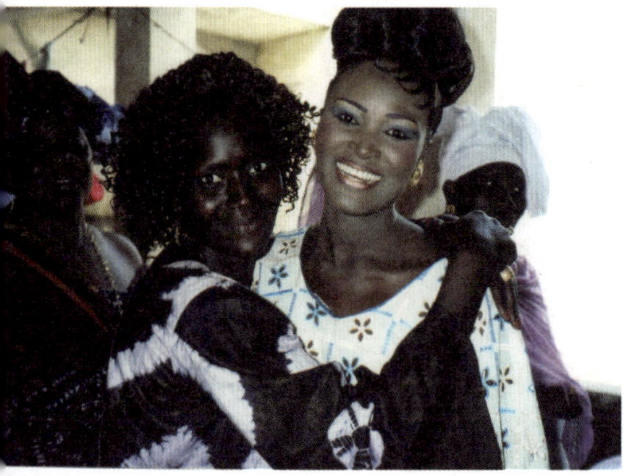

Der Adler, von Panik ergriffen, ließ mit Treffsicherheit seinen Passagier fallen, genau über der sprudelnden Flut. Während Miniam'ba seine natürliche Form annahm, fiel die enorme Boa mit einem unbeschreiblichen Krach in den Fluss. Djadji konnte gerade noch sehen, wie das monströse Reptil in dem heißen Dampf strudelnd unterging. Das war das Ende des Alptraums. Bala-Kononifi transportierte die beiden Frauen auf seinem Rücken und setzte sie am Eingang von Héli ab. Das Dorf war überglücklich, seine Prinzessinnen wiederzuhaben, und vor allem eine höfliche und vernünftige Djadji.

Seit diesem Tag gaben es die Frauen auf, nach dem perfekten Mann zu suchen, aus Angst, Miniam'ba wieder auferstehen zu lassen.

Die Moral von der Geschichte: Die Perfektion in der Materie ist eine Illusion. Wer darauf beharrt, sie zu finden, wird sich darin verlieren.

Die Hyäne und die mutigen Mädchen

Wisst Ihr, warum die Hyänen sich immer ums Essen streiten? Jedermann kennt sie nur so. Aber die Hyänen waren nicht immer egoistisch. Sie waren einst solidarisch wie viele andere Tiere – bis zu dem Tag, an dem sich die Geschichte ereignete, die ich Euch erzählen werde.

Vor langer Zeit gehörte die Hyäne zu den solidarischsten Tieren der Savanne. Zu dieser Zeit lebten alle Dinge, die Gott geschaffen hatte, in Harmonie. Die Menschen sprachen alle die gleiche Sprache und verstanden sich untereinander. Im ganzen Busch waren die Tiere einer Art solidarisch untereinander und bildeten eine Gemeinschaft.
Die Hyänen lebten zu der Zeit schon in Rudeln und trennten sich selten. Sie jagten in Gruppen und teilten freigiebig alles, was sie zu Essen fanden. Es kam keiner Hyäne in den Sinn, alleine zu essen, ohne die anderen. Alle fühlten sich wohl in der Gemeinschaft. Bis zu dem Tag, an dem alles umkippte.

Dieser Tag hatte zunächst begonnen wie alle anderen. Im Busch standen die Tiere auf, die die Sonne zum Freund hatten, um in der Savanne ihre Nahrung zu suchen. Währenddessen die Tiere, die den Mond zum Freund hatten, sich in den Schatten flüchteten, um sich zu schützen bis zur nächsten Nacht.

In dem friedlichen Ort Bâlé war jeder mit seiner täglichen Arbeit beschäftigt. Die Männer waren hinausgegangen – mancher aufs Feld, mancher zur Jagd – und die Frauen bereiteten sich auf ihre Rückkehr vor, indem sie das Essen vorbereiteten. An diesem Tag hatten sich acht junge Mädchen herausgeputzt und waren sehr glücklich. Sie wollten nach Banitchini gehen, in das Nachbardorf, für die Hochzeit einer gleichaltrigen Freundin. In ihre schönsten Kleider gehüllt, verabschiedeten sie sich von ihren Eltern und verließen Balé. Der wolkenlose Himmel an diesem Vormittag in der Regenzeit versprach eine klare Vollmondnacht. Sorglos machten sich die jungen Mädchen auf, sangen und erzählten sich

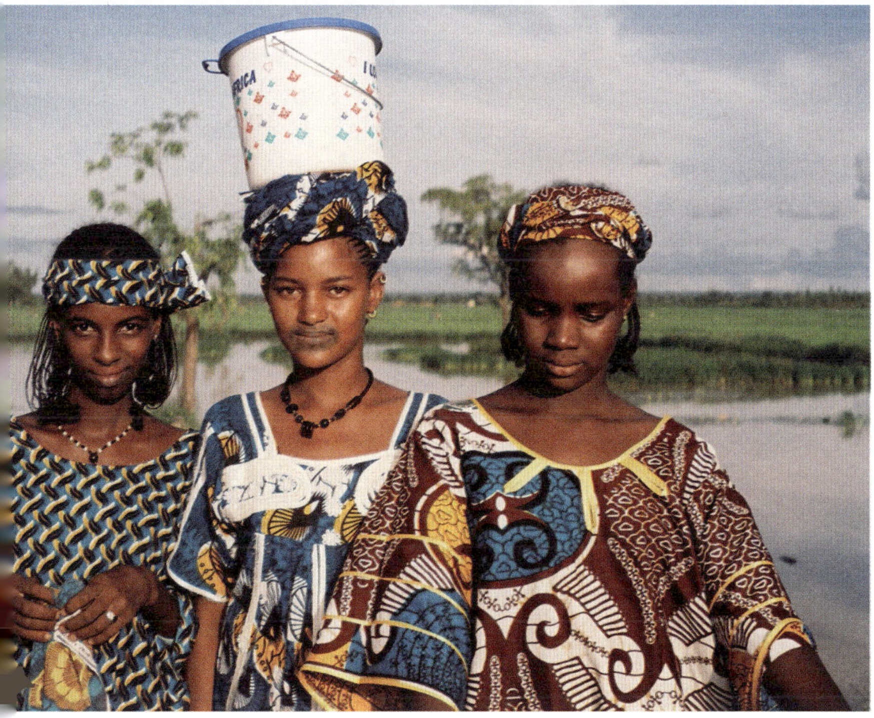

lustige Geschichten, um die Strecke zu vergessen, die Balé von Banitchini trennte.

Plötzlich verdunkelte sich der Himmel und war mit dicken Wolken bedeckt. Die Freundinnen konnten gerade noch verängstigte Blicke austauschen, als sich ein Gewitter unter grauenhaftem Donnern über der Savanne ergoss. Sie rannten zur nächstbesten Grotte, um das Ende des Regens abzuwarten.
Jetzt im Trockenen, lachten sie noch über ihren verrückten Lauf zur Grotte, als eines der Mädchen auf dem Dreck, der den Boden bedeckte, Abdrücke von Tieren entdeckte. Sie erkannten schnell die Spuren von Hyänen. Die armen Mädchen hatten sich in eine Höhle gerettet, die von Hyänen besucht war. Diese gefährlichen Fleischfresser konnten jeden Moment wiederkommen und sie verschlingen.

Die Mädchen hatten allen Grund, beunruhigt zu sein, denn jedes Tier hat sein Territorium und duldet kein Eindringen. Und während großer Regengüsse suchen die Tiere üblicherweise ihren Unterschlupf auf. Sehr schnell bekamen die Mädchen Angst. Sie fingen an zu singen, um sich Mut zu machen, aber auch um Hilfe zu holen:

„An soungourouni segui lo, an soungourouni segui lo,
an bola Bâlé am beta Banitchini, sanyan sôrô sira, an dona souroukou dingué.“

„Wir sind acht arme Mädchen, wir sind acht arme Mädchen, die aus Bâlé kommen und sich aufgemacht haben nach Banitchini, überrascht vom Regen, geflüchtet in die Grotte, die Hyänen werden uns verschlingen.“

Sie sangen also, als sich die Hyäne Souroukou dem Ort näherte, die Stimmen hörte und dem Lied lauschte. Das Tier glaubte seinen Ohren nicht zu trauen: Es hatte hier, ohne jagen zu müssen, das größte Festmahl vor sich, was sich kein Raubtier der Savanne in seinen kühnsten Träumen vorstellen würde.
Der Speichel lief ihr schon aus den Mundwinkeln und die Ideen hagelten in ihrem Kopf; sie, die eigentlich nicht gewöhnt war, viel zu denken. Souroukou war hin und hergerissen zwischen der egoistischen Versuchung, es sich alleine schmecken zu lassen, und dem unwiderstehlichen Verlangen, bei den anderen Hyänen Eindruck zu schinden mit diesem außergewöhnlichen Fang. Die Savanne sollte eigentlich Zeuge dieser Heldentat sein.

Die Hyäne, bekannt dafür etwas dümmlich zu sein, sagte sich: „Alleine kriege ich die acht Mädchen nicht in den Griff, so jung sind sie. Wenn ich es schaffen würde, eine zu

fangen, müsste ich auch noch mit dem ganzen Rest der Horde teilen. Am Ende hätte ich nicht mehr als einen lächerlichen Bissen Fleisch. Aber wenn ich sieben andere Hyänen kommen lassen könnte, hätte jede von uns ein ganzes Mädchen."
Souroukou die Hyäne sprach mit lauter Stimme und die Mädchen hörten, was das Tier sagte. Sie verstanden, dass sie all ihren Mut zusammennehmen und schnell einen Plan finden mussten, um aus der Grotte zu entkommen. Die Hyäne gab ein mächtiges Brüllen von sich und machte sich schnell davon, um sieben Kumpane zu finden für das reichhaltige Bankett.
Sobald das Tier weit genug weg war, stahl sich eines der Mädchen aus der Grotte. Und die sieben anderen, die in dem Unterschlupf blieben, sangen:

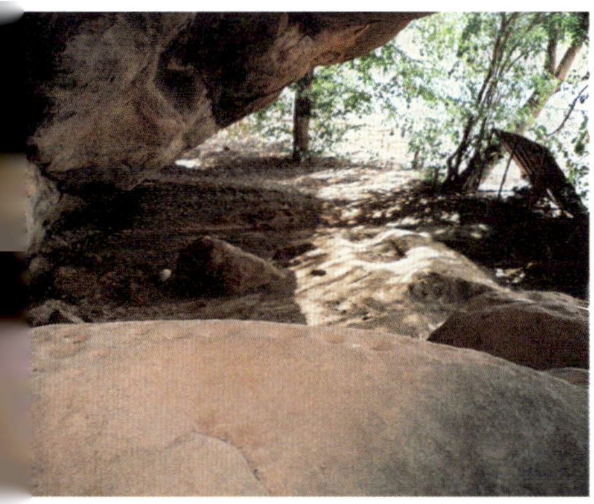

„An soungourouni segui lo, an soungourouni segui lo,
an bola Bâlé am beta Banitchini, sanyan sôrô sira, an dona souroukou dingué."

„Wir sind acht arme Mädchen, wir sind acht arme Mädchen,
die aus Bâlé kommen und sich aufgemacht haben nach
Banitchini, überrascht vom Regen, geflüchtet in die Grotte,
die Hyänen werden uns verschlingen."

Währenddessen war die Hyäne in den Busch zurückgekehrt. Auf dem Weg lachte sie hämisch und musste ihre Fröhlichkeit schon fast unterdrücken. Die Hyäne marschierte trotz des Unwetters so fröhlich im strömenden Regen, dass alle Tiere den Kopf schüttelten und dachten, dass Souroukou das dümmste Tier der Savanne sein müsste.
Aber die Hyäne lief weiter, ohne den Beobachtern Aufmerksamkeit zu schenken, und traf schließlich eine andere Hyäne, die sie fragte:
„Wo läufst du so fröhlich hin trotz des Regens?"
„Ich habe acht Mädchen gefangen. Lass uns sechs andere Hyänen suchen, und zu acht werden wir es uns schmecken lassen."
Ungläubig wollte sich die andere Hyäne zunächst versichern, dass Souroukou die Wahrheit sagte. Sie verlangte, in die Höhle zurückzukehren, bevor sie weitermachten. Die zwei Tiere begleiteten sich also bis zu der Grotte mit den Mädchen. Und als sie sich näherten, hörten sie das Lied, das aus der Höhle kam. Überzeugt erklärte die zweite Hyäne: „Du bist wirklich die beste, Souroukou! Gehen wir schnell, ohne Zeit zu verlieren, die sechs anderen holen." Sie brüllten laut, um ihre Beute einzuschüchtern, und machten sich davon mit hämischem Lachen.
Aber die Mädchen bewahrten ihren Mut. Sobald die Hyänen gegangen waren, nutzte das eines der Mädchen aus, um aus dem Unterschlupf zu flüchten. Und die sechs anderen sangen weiter, als wenn sie noch acht wären.

„Wir sind acht arme Mädchen, wir sind acht arme Mädchen, die aus Bâlé kommen und sich aufgemacht haben nach Banitchini, überrascht vom Regen, geflüchtet in die Grotte, die Hyänen werden uns verschlingen."

Die zwei Hyänen fanden unterdessen eine dritte, die ebenfalls zurückkehren wollte, um sich selbst ein Bild zu verschaffen, bevor sie die anderen holen würden. Auch die vierte, die fünfte, und schließlich bis zur achten, jede Hyäne, die sie trafen, wollte zur Grotte zurück und die Geschichte überprüfen, die ihr erzählt wurde. Und die Hyänen kamen jedes Mal zurück. Sie brüllten und lachten hämisch und waren sich ihrer Stärke immer sicher.
Währenddessen besiegten die unglücklichen Mädchen ihre Angst, und eine nach der anderen konnte leise das Versteck verlassen, das für sie eine Falle geworden wäre.

Besessen von dem Festmahl, von dem sie träumten, kamen und gingen die Hyänen und wateten im Matsch. Mit gesträubtem Fell waren sie entflammt von der Idee, bald gut zu essen. Mit aufgestellten Ohren nahmen sie dennoch nichts mehr wahr, so sehr waren sie gierig auf das frische Fleisch und klapperten laut. Bei diesem Lärm bemerkten die furchterregenden Hyänen nicht, dass bei jedem Wiederkommen das Echo der Stimmen leiser wurde. Als nun die acht Raubtiere zusammen waren und Souroukou in die Höhle eintreten wollte, war sie leer. Kein einziges Mädchen war mehr da. Souroukou und ihre Freunde sahen sich verblüfft an. Wütend durchsuchten sie die Höhle vom Boden bis zur Decke, aber vergeblich. Von der Gier geblendet, waren die wilden Hyänen von der List der Mädchen und dem Echo ihrer Stimmen hinters Licht geführt worden. Beschämt und voller Wut, beschuldigten sich die Hyänen nun gegenseitig der Lüge und des Verrats, und sie schworen sich gegenseitig, sich nicht mehr zu vertrauen.

Seit diesem Tag ist die Solidarität unter den Hyänen gestorben. Sie jagen noch weiterhin im Rudel, aber sie streiten bitter um jeden Bissen. In der Savanne hört man sie häufig jammern um die verlorene Solidarität, und sie bedauern das Festmahl, das sie wegen ihrer Gefräßigkeit verpasst haben.

So ist es also, dass Mut und Intelligenz immer über Kraft und Stärke stehen. Und versucht immer euch zu erinnern: Die Gier hat als ältesten Sohn den Egoismus. Und als Erbe hinterlässt sie nichts als Streit und Misstrauen.

1 Die Geschichte vom Bauern Salum Diabaté

Einst lebte ein einfacher Bauer namens Salum Diabaté im Dorf Malikunda in Mali. Die Eltern waren arm und schufteten täglich auf dem Feld. Salum war fleißig und half seinen Eltern, wo er nur konnte. Jeden Tag dachte er sich: „Wenn ich einmal reich bin, sollen meine Eltern nicht mehr arbeiten müssen. Ich werde für sie sorgen, so wie sie für mich gesorgt haben."

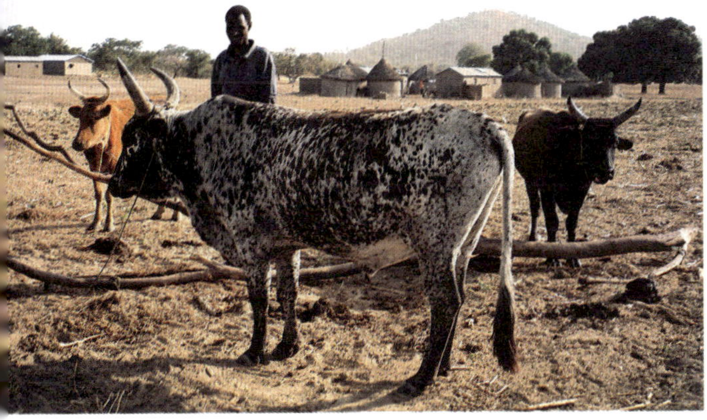

Aber es kam nicht mehr dazu, denn beide Eltern starben schon bald an einer Krankheit. So beschloss Salum auszuwandern und an einem anderen Ort ganz neu anzufangen. Kurz nach der Beerdigung brach er auf und wanderte los. Er ging und ging, bis er in einem Dorf namens Bombolong ankam. Er ließ sich zum König führen und erzählte ihm sein Schicksal. Dieser war sofort berührt von der Geschichte und nahm ihn auf. Er bekam sogar eine kleine Hütte. Er musste sich nur an die Regeln des Dorfes halten.

Salum erwies sich schnell als sehr fleißig und hilfsbereit, so war er bald überall beliebt. Eines Tages gingen die Frauen wie üblich an den Fluss, um die Wäsche zu waschen. Da tauchte ein riesiges Krokodil auf. Die Frauen schrien und rannten ins Dorf zurück, um die Männer zu Hilfe zu holen. Doch keiner wollte es mit dem Krokodil aufnehmen. Jeder hatte eine Ausrede. Einer war plötzlich krank, der nächste musste verreisen, der dritte dringend etwas erledigen. Die Nachricht verbreitete sich im Dorf wie ein Lauffeuer und sorgte für große Aufregung. Der König rief seinen Trommler und ließ ihn verkünden: „Wer die Bestie erledigen würde, bekäme seine schönste Tochter zur Frau!". Ein Raunen ging durch die Menge, aber niemand wollte es mit dem gefährlichen Tier aufnehmen. Totenstille.

Da kam Salum Diabaté hervor und sagte: „König, ich bin zwar neu im Dorf, aber da Ihr mich so freundlich aufgenommen habt, will ich Euch meine Dankbarkeit erweisen. Ich nehme die Herausforderung an!" Alle starrten erstaunt auf den mutigen Salum.

Schnell hatte er sich mit einer Machete, Pfeil und Bogen ausgerüstet und ging zum Fluss. Die Leute vom Dorf folgten ihm, um ja nichts zu verpassen. Vorsichtig ging er in den Fluss und schlug mit einem Stock immer wieder ins Wasser. Plötzlich traf der Stock auf etwas Hartes, das Wasser spritzte auf und man konnte den Schwanz eines Krokodils erkennen. Die Dorfbewohner schrien und erstarrten. Salum stürzte sich auf das Reptil und mit der Machete schlug er ihm mit einem

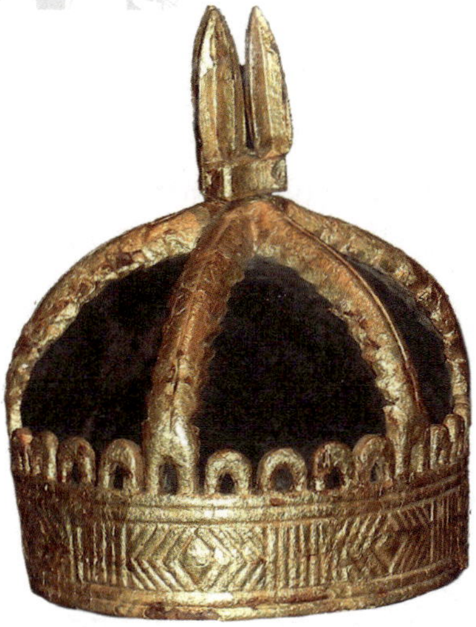

Hieb den Kopf ab. Er zog das tote Tier aus dem Wasser. Die Dorfbewohner jubelten dem Helden zu.

Am gleichen Abend wurde die Hochzeit gefeiert. Salum wurde vom König geehrt, erhielt die schöne Königstochter zur Frau und zog sogar in den Königspalast ein. Dort lebte er glücklich und froh, und wurde später sogar zum König.

Was aber niemand wusste: Das Krokodil, das er im Fluss so mutig erlegt hatte, war bereits tot gewesen. Aber bis heute besingt man den großen Mut von Salum Diabaté.

Die zwei bösen Frauen des Königs

Es war einmal ein König, der hatte drei Frauen. Die dritte war taubstumm. Daher wurden die zwei anderen am Hofe bevorzugt, nur sie wurden wie Königinnen behandelt. Die drei Frauen wurden gleichzeitig schwanger. Der König versprach: Diejenige, die einen Jungen bekäme, würde mit wunderschönen Kleidern und Wertsachen überhäuft, ebenso ihr Gefolge. Die zwei Frauen, die eh schon bevorzugt behandelt wurden, bekamen jedoch Mädchen, nur die taubstumme Frau, mit der man am Hofe schlecht umging, bekam einen Jungen!
Die Gefolgschaften der zwei anderen Frauen kritisierten heftig den Sohn der Taubstummen und nahmen ihn ihr schließlich weg. Sie gaben ihn einer der anderen beiden Frauen. Die Taubstumme konnte nichts dagegen tun, ihr stand nur eine armselige Bewacherin zur Seite. Die eh schon bevorzugten Frauen wurden nun noch reicher und mit noch mehr goldbestickten Kleidern überhäuft.
Währenddessen wuchs das Kind heran und begann zu laufen. Der König hatte seine helle Freude an dem Jungen. Häufig drückte er ihm etwas in die Hand, um es seiner Mutter zu bringen. Aber das Kind lief an den zwei bevorzugten Frauen vorbei und brachte es instinktiv zu seiner wahren Mutter, der Taubstummen, der es gar nicht gut ging. Einmal bat der Junge seine Mutter, als Dank für den Gegenstand für ihn zu singen. In dem Moment öffnete die Taubstumme ihren Mund und konnte auf einmal singen:

„A deni djontigui den ni toro mankan.
Taritè N'kono, kana sisé nigbè pépé faka mansa la dèbè doyan,
ko bobo n'nedi ko n'tésé kumala,
ka den kèman falin den musso manayon
ko bobo n'nedi ko n'tésé kumala."

„Mein Sohn, wer ein Land regiert, sollte niemals seinen geliebten Sohn leiden lassen.
Sie waren gekommen, ein weißes Huhn auf dem Teppich des Königs zu fangen.
Weil ich taubstumm bin, kann ich nicht darüber reden.
Sie waren gekommen, ein Neugeborenes gegen ein anderes auszutauschen.
Weil ich taubstumm bin, kann ich niemandem davon erzählen."

Das Kind dankte seiner Mutter und ging wieder. Das ging nun häufig so. Aber die zwei neidischen Frauen sorgten natürlich dafür, dass der König nicht mitbekam, welches Wunder sich da ereignete, und dass das Kind die Gegenstände immer zu seiner wahren Mutter brachte. Denn der König durfte nie erfahren, welchen Tausch die bösen Frauen vorgenommen hatten, um ihn hinter's Licht zu führen.

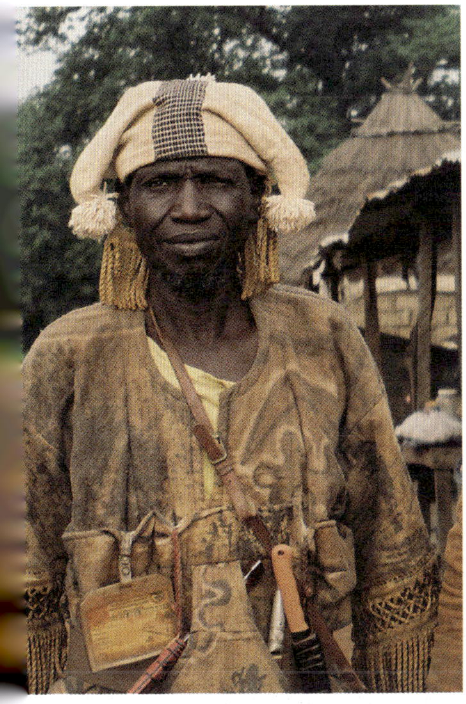

Das ging eine Weile gut, doch eines Tages kam ein Jäger aus einem anderen Dorf zu Besuch zum König. Er beobachtete, wohin das Kind die Gegenstände täglich brachte, die der König dem Jungen für seine Mutter überreichte. Er ging zum König und erklärte ihm, dass etwas an seinem Hofe vorging. Morgen solle er die Bevölkerung versammeln und vor aller Augen dem Kind etwas für seine Mutter überreichen. Dann solle er warten, was passiert.

Am nächsten Tag kamen die Leute zusammen. Die zwei bevorzugten Frauen waren in wunderschöne Kleider gehüllt und elegant, die taubstumme Frau sah aus wie ein Waisenkind, schmutzig und hinter der Menge sitzend. Der König überreichte nun dem Jungen ein wenig Geld für seine Mutter. Der Junge ging damit los – umringt von den Soldaten des Königs – aber an den zwei schönen Frauen des Königs marschierte er vorbei bis hinter die Menge, wo seine wahre Mutter saß. Dort kam er zum Stehen und bat seine Mutter, für ihn zu singen. Die Taubstumme öffnete ihren Mund, während die Menge staunend zusah, und begann tatsächlich das Lied zu singen.
Danach dankte das Kind wie üblich seiner Mutter. Die Menge jubelte in Anbetracht des kleinen Wunders, das sie miterlebt hatte.
Der Jäger sagte zum König, dass es das sei, was er zuvor beobachtet hatte. Daraufhin ließ der König den zwei betrügerischen Frauen ihre schönen Kleider wegnehmen und warf sie aus dem Palast. Sie wurden für immer aus dem Land verbannt. Die Taubstumme wurde die anerkannte Erst-Frau des Königs. Nun trug sie die schönsten Kleider.

Die Moral von der Geschicht': Intrigen lohnen sich nicht!

ANHANG

1 17 – 27

Die wichtigsten Melodie-Instrumente in Westafrika

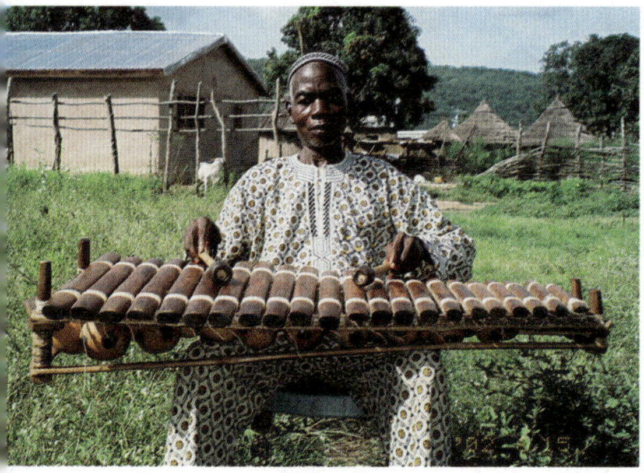

Balafon: Es gehört zu den sog. Stabspielen und ist mit unserem Xylofon vergleichbar.
Die Platten sind aus Hartholz, die Resonanzkörper sind ausgehöhlte Kalebassen. Gute Instrumente bestehen aus 17 bis 22 Platten.
Stimmung: afrikanische Naturstimmung (äquidistante Heptatonik), aber auch C-Dur, F-Dur.
Ursprung: Mali, Guinea (das sog. Ur-Balafon von 1205 ist heute UNESCO-Weltkulturerbe und wird in einem Dorf in Guinea an der Grenze zu Mali aufbewahrt).
Pentatonische Balafone sind später aus dem diatonischen entwickelt worden. Es gibt sie in Nord-Mali, Ghana, Kamerun ...

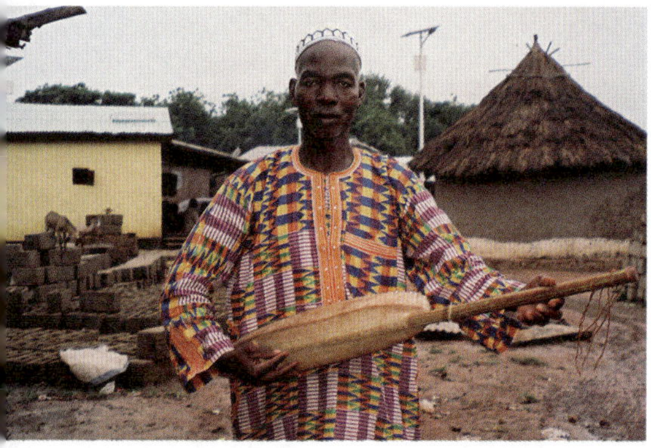

N'goni: Die Laute wird wie eine Gitarre gehalten. Es gibt N'gonis mit 3 bis 7 Nylon- oder Stahlsaiten.
Ursprung und Verbreitung: In ganz Westafrika

Donso N'goni, Kamalen N'goni, Don: Diese sehr archaischen Jäger-Harfen bestehen aus 6 – 12 Saiten. Sie können nicht wie bei einer Gitarre abgedrückt werden. Sie gelten als Vorläufer der komplexeren Kora.
Ursprung: Mali

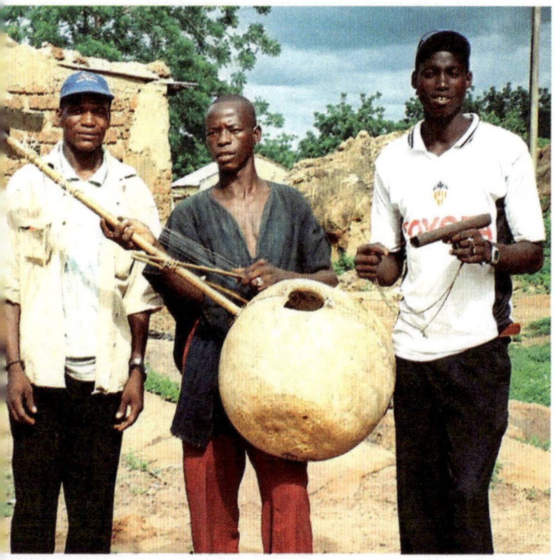

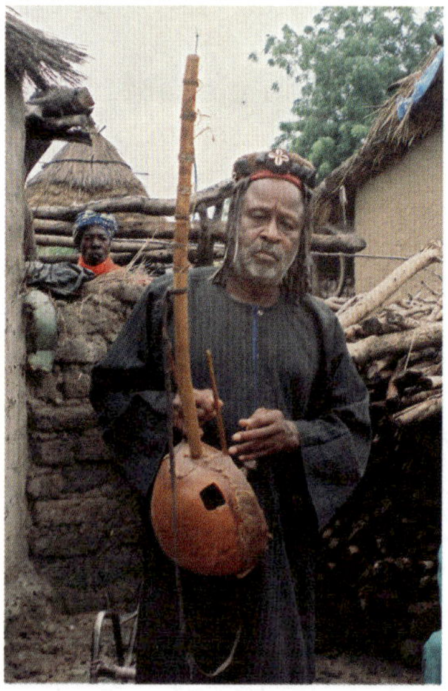

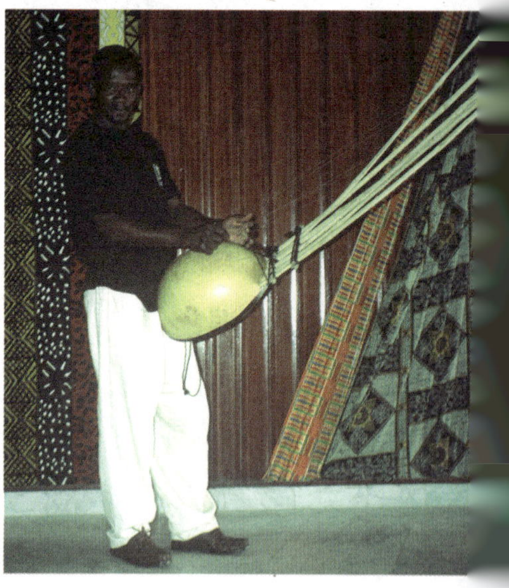

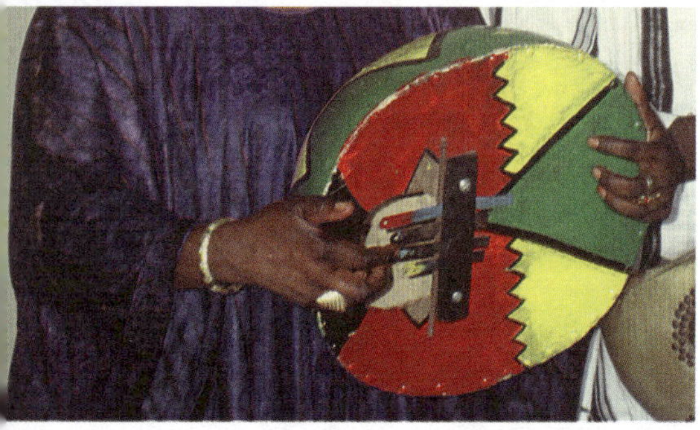

Bongoma: Dieses Lamellophon besteht aus einer Kalebassen-Hälfte, die mit einem Brett verschlossen ist. Darauf sind über eine kleine Öffnung Sägeblätter angebracht.
Verbreitung: Senegal, Guinea

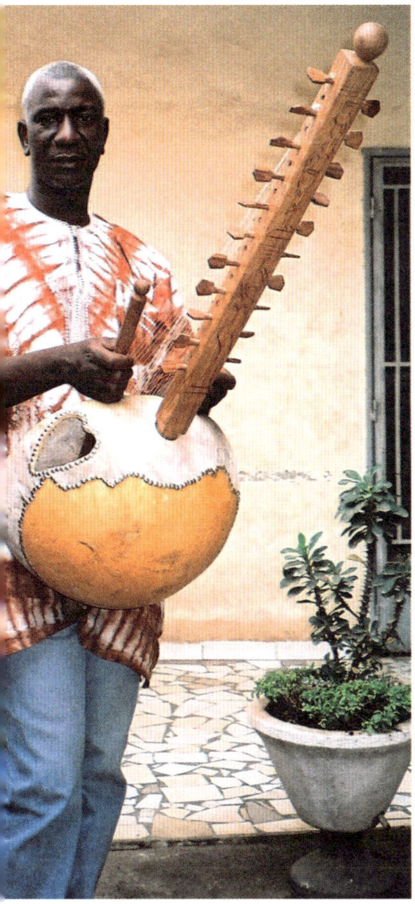

Kora: Die Stegharfe ist das komplexeste Musikinstrument Afrikas. Die 21 Nylon-Saiten werden mit zwei Daumen und zwei Zeigefingern gespielt, daher sind Basslinien möglich, über die mit den Zeigefingern Melodien oder Improvisationen gespielt werden.
Übliche Stimmung: F-Dur.
Ursprung: Gambia, Südsenegal, Guinea-Bissau (das frühere Königreich Gabou).

All diesen Instrumenten ist gemein: ausgehöhlte Kalebassen dienen als Resonanzkörper.

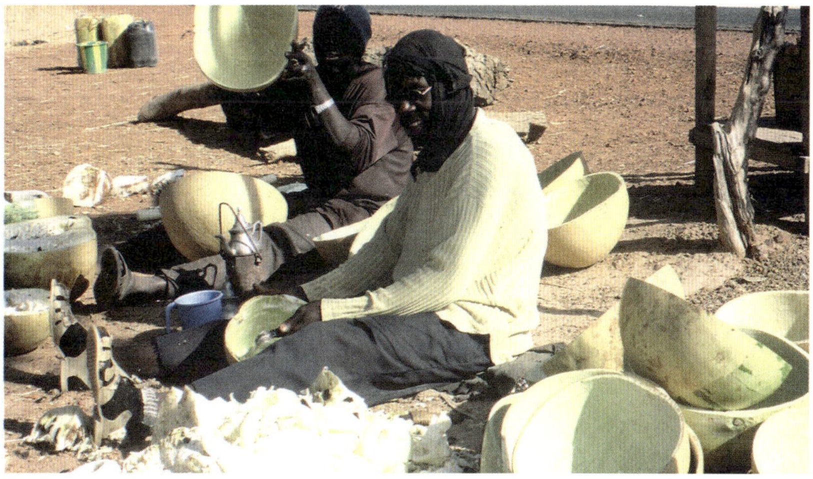

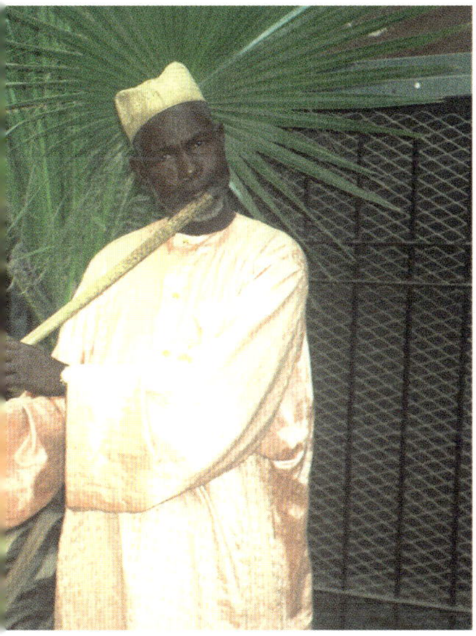

Flöte: Das Volk der Hirten (Peulh) ist bekannt für sein virtuoses Flötenspiel. Die meist aus Plastik oder Bambus bestehenden Rohre haben nur 3 Löcher. Durch halbes und ganzes Zudrücken der Löcher sowie Ansatz- und Blastechniken ist ein größeres Tonspektrum spielbar.
Ursprung und Verbreitung: Erste berberische Nomaden siedelten schon im 3. Jh. v. Chr. am Niger-Binnendelta im heutigen Mali. Die Flöte gibt es durch die wandernden Hirtenvölker in ganz Westafrika.

Auf der CD haben wir folgende Instrumente benutzt:
Kora (Stücke Nr. 1, 17 – 27)
Balafon (Stücke Nr. 1, 5, 11, 17 – 27)
Flöte (moderne Querflöte, Stücke Nr. 1, 24 – 27)
Bongoma (Stücke Nr. 17, 18, 20 – 23 und 27)

Kauftipps für Kinder-Djemben

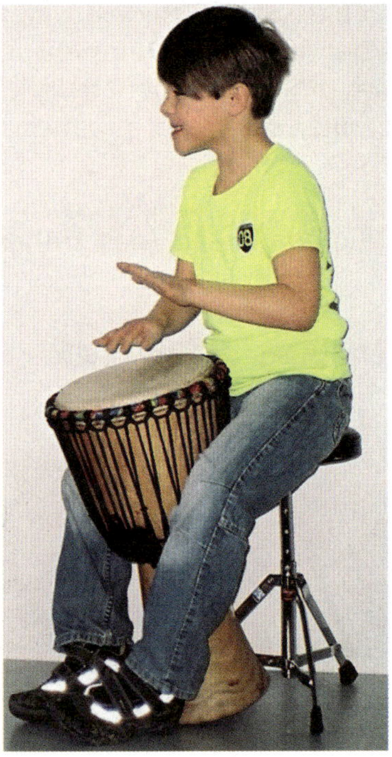

geeignete Kinderdjembé

Geeignet sind:

„Medium"-Djemben von ca. 50 cm Höhe und 28 cm Durchmesser (die Djembé sollte unbedingt auf dem Boden stehen können und nicht die ganze Zeit von den Beinen hochgehalten werden müssen).
Djemben aus afrikanischem Hartholz (z. B. Dimbo-Holz aus dem Senegal)
Djemben mit ausreichend dicker Schnur (mit dünnem Schnürchen kann man nicht spannen, die Djembé klingt wie ein Papp-Eimer).
Die Spielkante muss bei aufgestellter und gekippter Djembé auf Höhe der Hüftknochen sein, nicht darüber und nicht darunter.

Nicht geeignet sind:

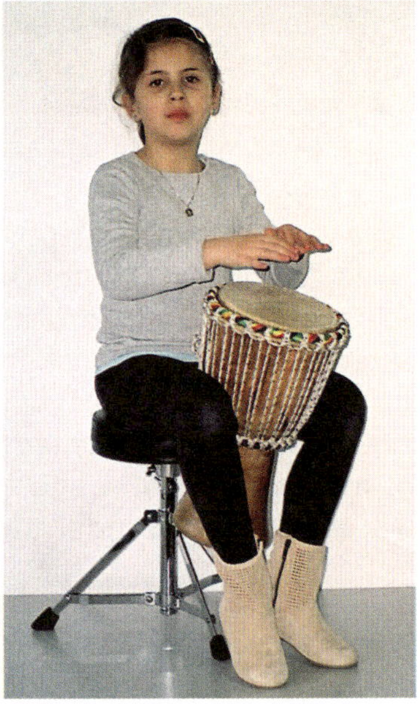

zu niedrige Djembé

vermeintliche Kinder-Djemben von 30 – 40 cm Höhe und 25 cm Durchmesser oder weniger. Selbst eine Kinderhand überdeckt schon die ganze Spielfläche: Bass ist gleich Ton! Und wegen der geringen Höhe muss die Djembé ständig hochgehalten werden. Das geht so in die Oberschenkel, dass es selbst von einem Erwachsenen kaum ein paar Minuten auszuhalten ist. Und mit den Schlägen auf die Trommel schlägt man sie dann endgültig noch nach unten, bis sie auf dem Boden landet. Dann ist die Spielfläche mit den Händen gar nicht mehr zu erreichen.

Billig-Djemben aus Asien: billiges Weich-Holz, womöglich noch gedrechselt und aus zwei Teilen zusammengesetzt. Schnur so dünn und schlecht, dass man auch nicht nachspannen kann.
Billig-Djemben aus Ghana: Das Holz ist so weich, dass man es mit dem Fingernagel einritzen kann. Genauso klingt es auch: Ton und Slap klingen immer gleich!!! So kann die Technik nicht erlernt werden, es entsteht ein riesiger Frust!
Djemben mit Spannhaken wie Kongas: Diese drücken sich beim Halten in die Oberschenkel, das hält auch ein Erwachsener nicht aus.
Es gibt Kinder-Djemben schon ab 19,90 Euro. Aber garantiert vergraulen sie den Kindern für den Rest ihres Lebens das Djembéspielen. Ganz ehrlich: Unter 80,- Euro bekommt man nichts Annehmbares, das einen guten Klang hat und wo Ton und Slap überhaupt spielbar sind.

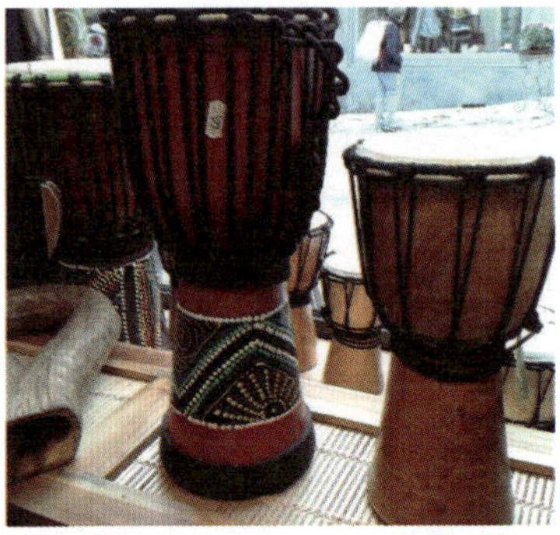

Billig-Djemben aus Fernost

Gute Kinder-Djemben bekommen Sie außerdem bei:

Ursula Branscheid-Kouyaté
07071 / 320 62
info@djembe-kora.de

Die wichtigsten Djembé-Spieler Westafrikas

Googeln Sie einmal diese Namen. Sie sind die großartigsten Djembé-Spieler Westafrikas. Sie haben diverse CDs, Bücher und / oder DVDs veröffentlicht und leben bzw. gastieren regelmäßig in Europa. Auf zahllosen Youtube-Clips sind sie zu bestaunen:

Famoudou Konaté (Guinea) – 26 Jahre lang 1. Solist des Nationalballetts „Ballets africains"
Mamady Kéita (Guinea) – 17 Jahre lang 1. Solist des „Ballet national Djoliba"
Adama Dramé (Burkina Faso) – war Djembéspieler beim „Les ballets de la volta"
Sékouba Traoré (Mali) – war Djembéspieler beim „Ballet national du Mali"
Drissa Koné (Mali) – Solist in verschiedenen Balletts
Toumani Diabaté (Mali) – der bekannteste Koraspieler aller Zeiten, der mit seinem „symmetric orchestra" ununterbrochen um die Welt tourt.

Famoudou Konaté

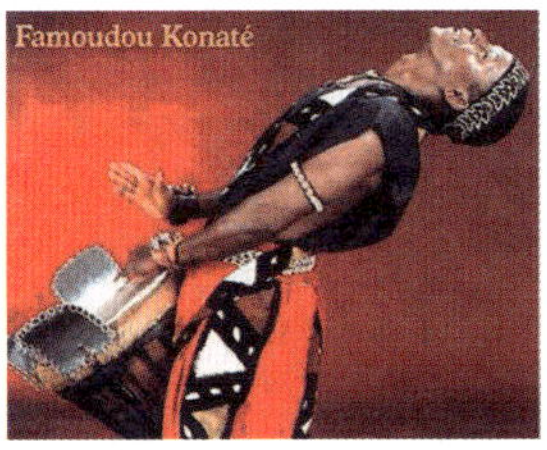

„Rhythmen der Malinké", Doppel-CD 1991, Museum collection Berlin CD 18
„Guinée: Percussions et chansons Malinké", Famoudou Konaté & Ensemble Hamana Dan Ba, 1998 Musique du monde/runa records
„Hamana Föli Kan", 2001, Buda records
„Guinée: Percussions et chants Malinké Vol. 2", 2003, Musique du monde, Buda musique
„Hamana Mandenkono", 2004, TARIKUmusique
„Hamana Namun, 2008, TARIKUmusique
„Koria Den"

Mamady Kéita

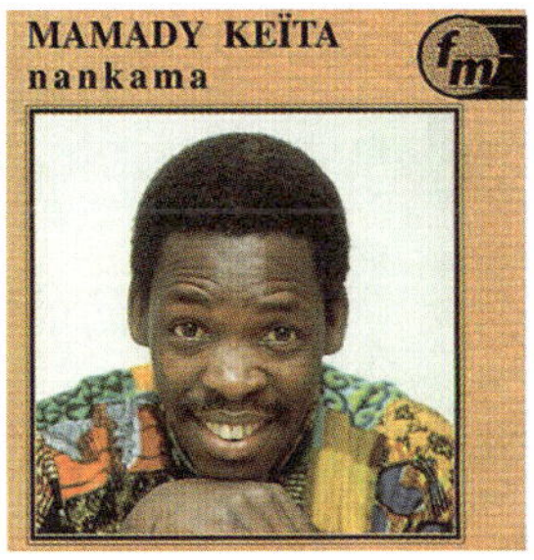

„Wassolon", 1989, fonti musicali fmd159
„Nankama", 1992, fonti musicali fmd 195
„Mögöbalu", Doppel-CD 1995, fonti musicali fmd 205
„Hamana", 1995, mit Famoudou Konaté, fonti musicali fmd 211
„Afö", 1998, fonti musicali fmd 215
„Balandougou kan", 2000, fmd 218
„Mamady Lee", 2001, fmd 221
„Sila Laka", 2004, fmd 228
„Mamady Kéita & Sewa Kan – Live at Couleur Café", 2005, fenix Music
„Mandeng Djara", 2007, fmd 231

Adama Dramé

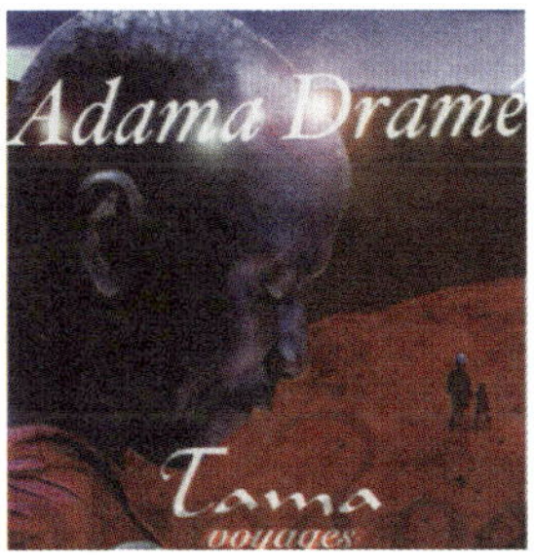

„Tambour Djembé", 1987
„Autres contacts", 1995
„Tama – voyages", 2001, Playasound
„Mandingo drums 1 + 2", 1994, Playasound
„Sindi", 2003, Playasound
„40th Anniversary by Adama Dramé, 2006
„Dakan", 2016

Workshops / Seminare:

- Besuchen Sie unseren Afro-Trommel-Workshop im alten Kloster Inzigkofen (Sigmaringen / Donau) jährlich in der 1. Januar-Woche: www.vhs-inzigkofen.de.
  5 Tage Djembé, Tanz, Balafon, Kora, Sessions, Filme, Konzerte ... 6 Dozenten

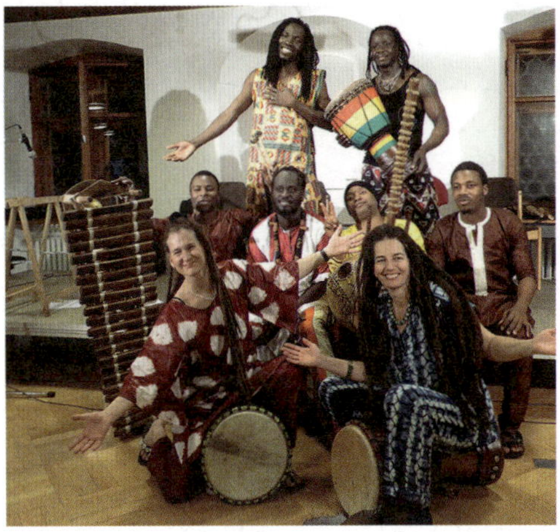

- Fortbildungen / Seminare für Kindergärtnerinnen im alten Kloster Inzigkofen
- Fortbildungen / Seminare für Erzieherinnen / Grundschullehrer:
  im Raum München: Marcus Ottschofski, info@kreativpercussion.de
  im Raum Stuttgart: Ursula Branscheid-Kouyaté, info@djembe-kora.de

Djembé lernen in Afrika:

- Workshop-Reisen mit Famoudou Konatés Sohn Billy Nankouma Konaté nach Guinea
- Workshop-Reisen mit Famoudous Sohn Fode Konaté nach Guinea (c/o Ellen Schulte, Berlin)
- Workshop-Reisen mit Modou Seck an die Küste des Senegals, www.modouseck.info
- Kora/Balafon lernen in Mali/Guinea: Ursula Branscheid-Kouyaté, Mamadi Kouyaté

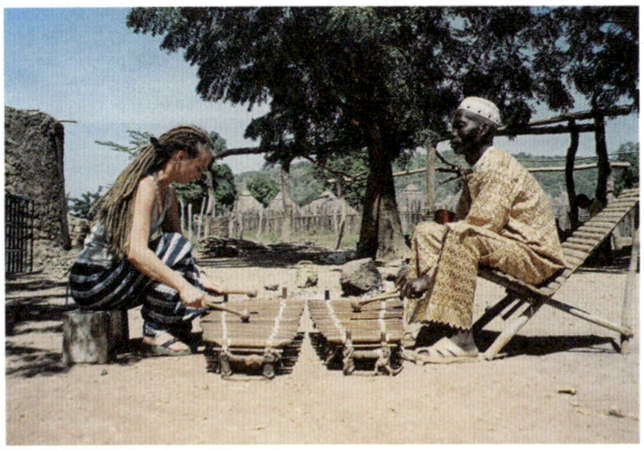

Unser besonderer Dank:

- Wolfgang Leupelt für seine Song-Ideen und Anregungen
- Gerd Waiblinger für seine unermüdliche Unterstützung bei den Aufnahmen und die tollen Ideen bei der Umsetzung
- Mamadi Kouyaté und Kandara Diebaté für ihr hochprofessionelles Spiel im Studio
- Henry Grossmann für seine außergewöhnlichen Fotos der Himba in Namibia
- Dr. Madeleine Reincke vom Baedeker-Verlag für ihre schönen Massai-Fotos aus Kenia

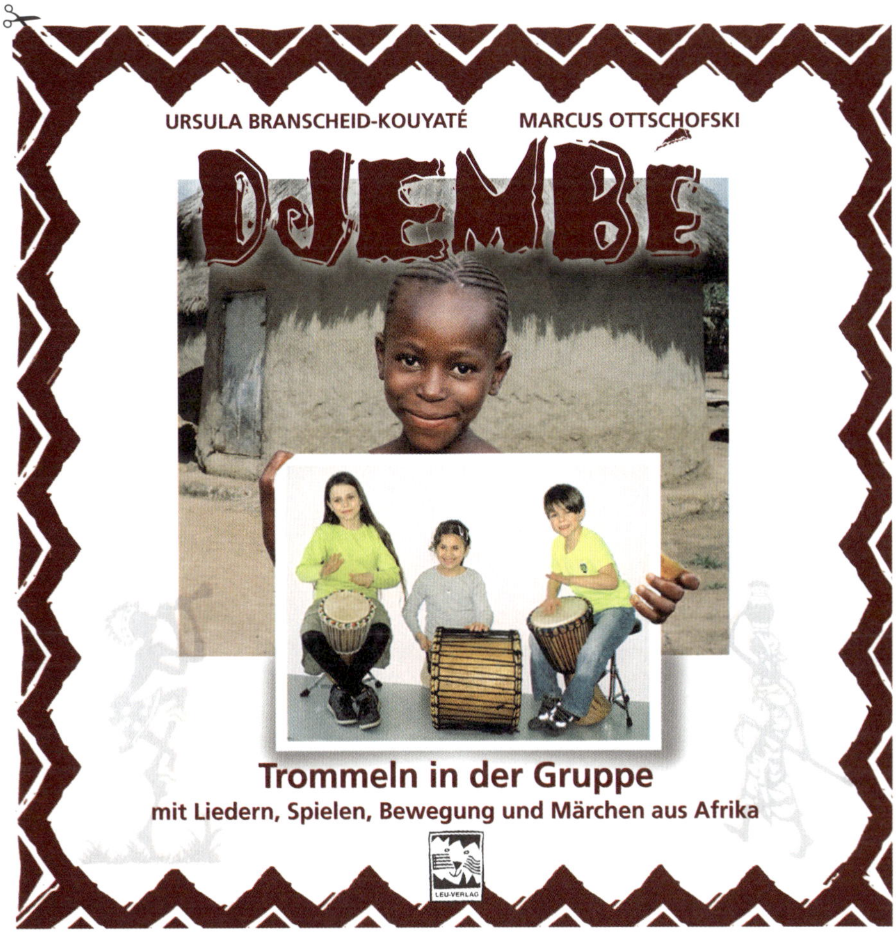

CD-Cover zum Ausschneiden

CD-Index

Nr. 1	Salum Diabaté	1:07 min.
Nr. 2	Balakulania Einzelstimmen	1:12 min.
Nr. 3	Balakulania komplett mit Solo	2:12 min.
Nr. 4	Djolé Einzelstimmen	1:36 min.
Nr. 5	Djolé komplett mit Balafon und Solo	2:48 min.
Nr. 6	Sofa Einzelstimmen	1:56 min.
Nr. 7	Sofa komplett mit Solo	2:11 min.
Nr. 8	Kuku Einzelstimmen	1:41 min.
Nr. 9	Kuku komplett mit Solo	2:02 min.
Nr. 10	Soli Einzelstimmen	1:22 min.
Nr. 11	Soli komplett mit Balafon und Solo	2:16 min.
Nr. 12	Soko Einzelstimmen	1:31 min.
Nr. 13	Soko komplett mit Solo	2:16 min.
Nr. 14	Lied Balakulania	3:24 min.
Nr. 15	Lied Wawanco (Rhythmus Djolé)	3:36 min.
Nr. 16	Lied Eh Douga (Rhythmus Soko)	2:29 min.
Nr. 17	Lied I Banilé	3:35 min.
Nr. 18	Lied Miniam'ba	2:48 min.
Nr. 19	Lied Kélémagni	3:02 min.
Nr. 20	Lied Bruder Jakob („In Ägypten")	2:22 min.
Nr. 21	Lied My Bonnie is over the Ocean („Von Land zu Land")	4:41 min.
Nr. 22	Lied Schwäbische Eisenbahn („Quer durch Afrika" – alle Strophen gesungen)	4:00 min.
Nr. 23	Schwäbische Eisenbahn („Quer durch Afrika" – Playalong, nur 1. Strophe gesungen)	4:00 min.
„Entspannung & Lauscherlebnis"		
Nr. 24	Koulandjan	4:47 min.
Nr. 25	Mali Sadjo	5:04 min.
Nr. 26	Konkoba	5:22 min.
Nr. 27	Na Diarra	4:51 min.

CD-Cover zum Ausschneiden

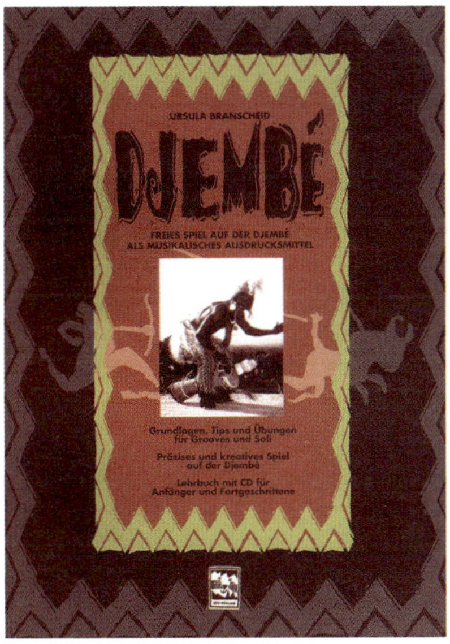

ISBN 978-3-928825-84-9
80 Seiten, mit CD

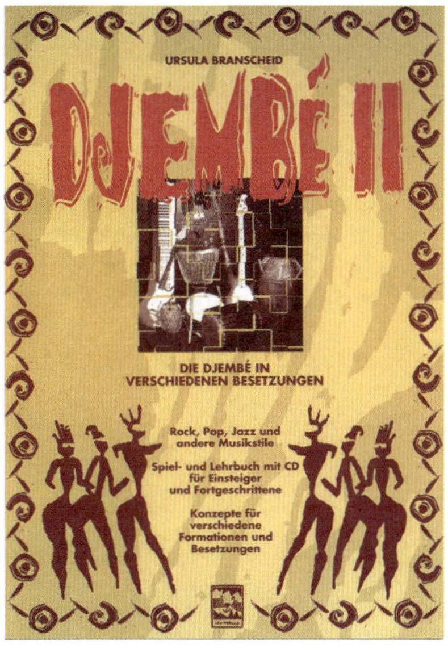

ISBN 978-3-89775-028-9
96 Seiten, mit CD

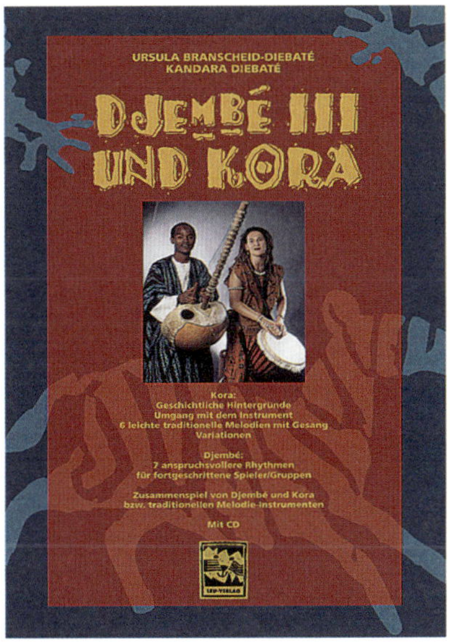

ISBN 978-3-89775-055-5
80 Seiten, mit CD

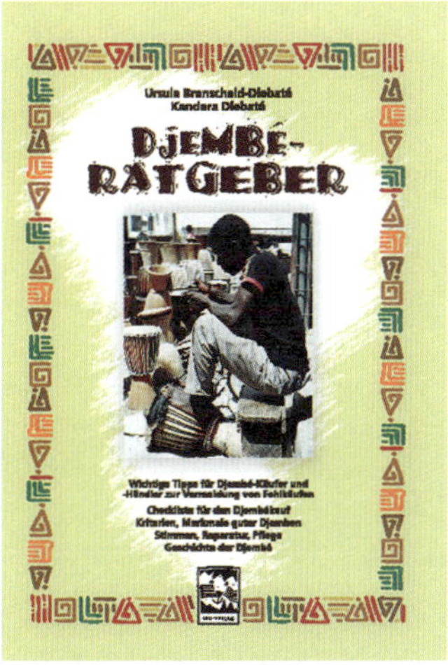

ISBN 978-3-89775-095-1
128 Seiten, farbig

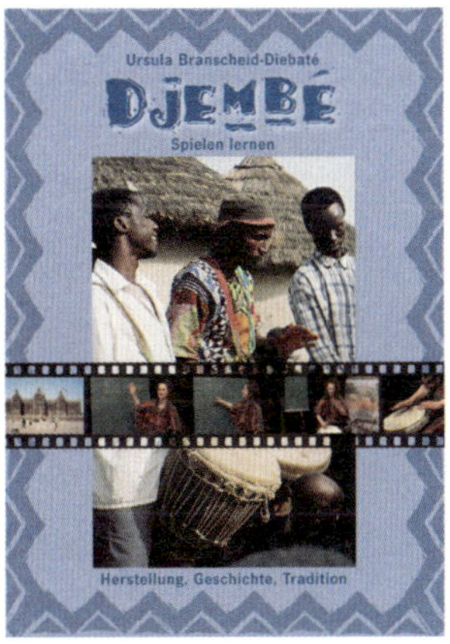

ISBN 978-3-89775-125-5
Doppel-DVD 180 min.

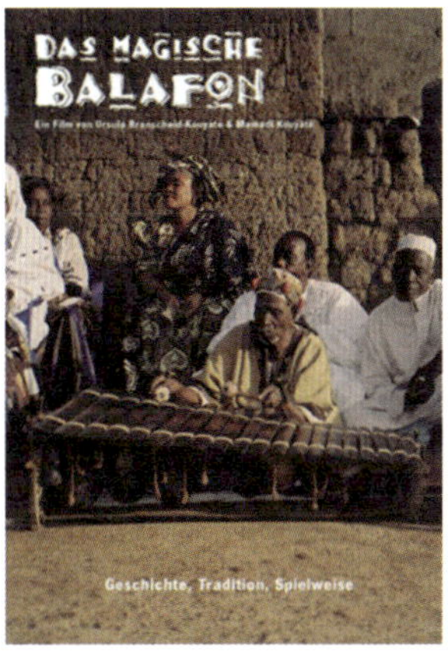

ISBN 978-3-89775-161-3
DVD 70 min.